本书获得哈尔滨工业大学"双一流学科建设"经费资助

思想政治教育研究文库

Ⅲ

新时代青年尚武精神培育研究

李成超 著

九州出版社

JIUZHOUPRESS

图书在版编目（CIP）数据

新时代青年尚武精神培育研究／李成超著．－－北京：
九州出版社，2023.9
ISBN 978-7-5225-2159-6

Ⅰ.①新… Ⅱ.①李… Ⅲ.①民族形式体育—体育文
化—研究—中国 Ⅳ.①G852.9

中国国家版本馆 CIP 数据核字（2023）第 174979 号

新时代青年尚武精神培育研究

作　者	李成超　著	
责任编辑	王海燕	
出版发行	九州出版社	
地　址	北京市西城区阜外大街甲 35 号（100037）	
发行电话	（010）68992190/3/5/6	
网　址	www.jiuzhoupress.com	
印　刷	唐山才智印刷有限公司	
开　本	710 毫米×1000 毫米　16 开	
印　张	10	
字　数	119 千字	
版　次	2024 年 1 月第 1 版	
印　次	2024 年 1 月第 1 次印刷	
书　号	ISBN 978-7-5225-2159-6	
定　价	85.00 元	

前　言

青年兴，则民族兴。青年强，则国家强。中华民族自古就有崇勇尚武、精忠报国的优良传统，形成了弥足珍贵的尚武精神。尚武精神是中华民族精神图景的重要基因，蕴含着中华民族的"宇宙观、天下观、社会观、道德观"，展示了中华民族的思维智慧、精神品格和文明样态，在近代以来民族独立变为现实的历史进程中发挥了极为重要的作用，在当下逐梦民族伟大复兴的历史大势中的作用将更加凸显。

一、尚武精神培育的必要性与重要性

100多年前，中华民族面临数千年未有之大变局，为了民族存续、国家富强，开始了艰难探索。当下，我们再次站在世界百年未有之大变局的历史节点上，心无旁骛地推进中国特色社会主义伟大实践。在改革开放和新时代中国特色社会主义市场经济时空场域下，我国社会思想文化日趋复杂，人们的思想活动也呈现出独立性、多样性、选择性、差异性特征，中华民族尚武精神的传承培育面临着许多新情况、新问题、新挑战。如何培育弘扬并实现尚武精神在新时代的创造性转化升华，成为一个重要课题。怎样理解中华民族尚武精神的内涵、特征、功能、新时代意蕴及培育路径，是高校思想政治教育的理论与实践亟待应答的问题。

与客观物质性要素相对的"精神"，常用于表征人类主观的具有稳定性的意识内容、思维活动、心理倾向。中华民族尚武精神强调中华民族的主体意志，引导中华文明主体中葆有生机活力、积极奋发的能动力量，为中华文明的发展、演进、创新提供动力，为中华民族伟大复兴提供动力，成为实现人类文明新形态、中国式现代化的力量支撑，是具有强大历史穿透力和重大现实价值的精神资源。

时代与精神具有紧密的关联，时代的进步需要精神的鼓荡，精神的成长有赖于时代的塑造。中华民族尚武精神以中国优秀传统文化为底蕴，以革命文化和社会主义先进文化为滋养，涵养了由"自在"到"自为"能动性转变的"自觉"，成为具有生命力的主体性存在。时代在发展，实践在变化，尚武精神总能激励中国人民在社会的进步中生产出新的物质文明，也总能生成多元形态的精神文明。"百年未有之大变局"意味着世界处于极大的变化和动荡当中，推进中华民族尚武精神的发展，就是实现中华优秀传统文化的创造性转化和创新性发展，为民族复兴提供强大精神动力，为世界发展提供中国力量。

二、尚武精神的基本属性和精神培育的理论依据

本书辨析了尚武精神的相关概念及其与武术精神、国防精神和民族精神的关系，梳理了中华民族尚武精神的流变过程，归纳探析了尚武精神的时代性、民族性和实践性特征，提出了从历史观、民族观、国家观、文化观、修养观五个维度理解和把握尚武精神的功能。历史观视野下尚武精神是推动历史发展与社会变革的重要力量；民族观视野下的尚武精神是凝聚社会力量、维护民族统一的重要基础；国家观视野下的尚武精神是维系国家安全、捍卫国家主权的精神动力；文化观视野下的尚武精神是传承民族文化、弘扬价值观念的重要载体，是影响社会风气的重要因素；修养观视野下的尚武精神是涵养个人道德人格、塑造民族性格的道德源泉。本书分析了尚武精神在国家、社会及个体层面的重要价值，主要体现在：在国家层面上，具有维护国家意识形态安全、军事安全的价值；在社会层面上，具有价值引领和凝聚社会力量的作用；在个人层面上，为个体发展提供广阔的施展空间和高级的自我实现，培养个体创新精神和创新能力，锻造个体坚韧意志，提高实践能力，提升个体的品位、情操和行为。本书最后提出了尚武精神的新时代意蕴。在国家层面上，尚武精神体现为总体国家安全观关照下的国家安全意识、忧患意识、居安思危意识；在社会层面上，尚武精神体现为社会主义核心价值观关照下的社会稳定意识、公平法治意识，包含维护法治秩序与社会稳定、扬善除恶（与违法犯罪行为做斗争）、见义勇为、维护社会正义等内容；在个人层面上，尚武精神体现为建立在社会主义核心价值观、思想道德素质之上的人类命运共同体意识、爱国主义精神、习武尚勇精神、自强不息精神、英雄主义精神、投笔从戎精神等。

马克思主义经典作家和以毛泽东、邓小平、江泽民、胡锦涛、习近平等为代表的中国共产党人关于精神及其培育的思想，为尚武精神培育奠定了世界观与方法论基础；现代思想政治教育学结构论、目的论，为尚武精神培育提供了直接的学理基础；其他学科相关的集体记忆理论、意志教育理论以及中华优秀传统文化关于精神培育思想，为尚武精神培育提供了理论与方法借鉴；高等院校在精神培育方面的先进理念，为尚武精神培育理论和策略提供了直接的理念来源。

三、尚武精神要素结构模型的元素建构与内容释读

本书运用思想政治教育过程的一般规律的原理，将尚武精神结构分为认知要素、情感要素、意志要素和行为（取向）要素，并讨论了上述四种要素关涉的相关内容。以知、情、意、行四个维度为横轴，国家、社会、个人三个层次为纵轴，构建出3×4的结构矩阵，每个结构要素中选择一个最核心的元素或概念。本研究对各个要素进行了阐释，构建起了相应的培育目标，为尚武精神培育的内容体系给出了系统参照。其中，认知要素包括自立自强、公正法治、独立安全等核心元素，情感要素包括英雄崇拜、崇尚正义、家国情怀等核心要素，意志要素包括自强不息、坚持正义、精忠爱国等核心要素，行为要素包括刚健有为、匡扶正义、忠勇报国等核心要素。本研究还分析了认知、情感、意志和行为要素之间的关系。它们相互联系、相互渗透、相互制约、相互促进，形成统一体，共同构成了尚武精神的要素结构。认知要素是前提；情感要素和意志要素是必要条件，影响认知要素的转化；行为要素是认知要素、情感要素、意志要素的体现，反过来对认知要素、情感要素和意志要素有强化作用。

本书围绕"新时代青年尚武精神培育"这一主题，遵循历史和逻辑相结合、理论研究与实证分析相结合的研究思路，以新时代青年尚武精神培育的体系建构与实践策略为研究对象，运用马克思主义的基本立场、观点和方法，系统梳理了中华民族尚武精神的历史流变，探讨了尚武精神的内涵、本质、特征、功能和新时代意蕴，以思想政治教育学关于精神培育理论为依据，借鉴相关学科理论，建构尚武精神要素的结构模型，分析新时代青年尚武精神培育的现状，借鉴中华文化和国外尚武

精神培育的经验，提出青年尚武精神培育的原则与路径。

四、尚武精神培育的策略路径和现实意义

本研究梳理了斯巴达、俄罗斯、日本、德国等民族和国家有关尚武精神培育的思想和实践。依据尚武精神培育的理论基础和国内外尚武精神培育的实践，本书提出了尚武精神培育的基本原则，即"坚持系统建构，提升客体认知""坚持正面教育，升华客体情感""坚持文化引领，锤炼客体意志""坚持实践教育，引导客体行为"。本书也提出了尚武精神的培育路径，即"认知建构—情感培育—意志培养—行为引导"。其中，认知建构路径，就是重点帮助青年掌握国家主权、国家安全、国防安全、社会安全等方面的知识，形成相应的思维方式；情感培育路径，就是深入挖掘中华优秀传统文化和中华民族集体记忆作用，培养并提升青年的英雄崇拜、崇尚正义、家国情怀等情感品质，本书着力从发扬长征精神、抗战精神、抗美援朝精神、改革开放精神，讲好英雄故事，发挥重大节日作用三个方面进行了阐述；意志培养路径，就是磨炼客体的意志，培养青年自强不息、坚持正义、精忠爱国等意志品质，提出了体育训练课程、理想信念教育、挫折教育三种主要方法；行为引导路径，就是要发挥好教育载体、媒介的桥梁作用和社会团体的群体效应，本研究提出了加强教育基地建设和发挥社团群体作用的路径方式。

中华民族尚武精神展现出一种高远的思维、开阔的视野、博大的胸怀、恢宏的气度，把当代中国与历史中国、社会发展进程、党的百年奋斗联结起来，把当代中国与民族精神、时代精神、中华文化联结起来，把当代中国与社会主义核心价值观、全人类共同价值联结起来，在世界百年未有之大变局和民族伟大复兴战略全局交汇期呈现出奋进之力。

目　录
CONTENTS

第一章 绪论

第一节 问题缘起与研究意义

一、研究缘起

中华民族自古就有崇勇尚武、精忠报国的优良传统，形成了弥足珍贵的尚武精神。近代以来，中华民族在抵御外侮、实现民族独立的历史进程中，尚武精神进一步发展，形成了包括"长征精神""抗战精神""亮剑精神"在内的革命精神。时至现代，在中国共产党领导下，尚武精神再次焕发出新的活力，形成了保家卫国不怕牺牲的"抗美援朝精神"，"热爱祖国、无私奉献、自力更生、艰苦奋斗、大力协同、勇于登攀"的"两弹一星"精神，"求和平、尚义战"的国家安全观念以及携笔从戎的报国精神。中华民族尚武精神是民族精神的基本内容和重要体现，对维护国家统一安全、维系民族凝聚力向心力、提升国民思想道德修养发挥了重要作用。在世情、国情已发生巨大变化的今天，如何实现中华民族尚武精神的创造性转化、运用、发展，怎样促进公民特别是青年弘扬、践行尚武精神，是一个重要课题。

尚武精神不只是简单地崇尚武力，而是有多重维度功能。历史观视野中尚武精神是推动历史发展与社会变革的重要力量；民族观视野的尚武精神是凝聚社会力量、维护民族统一的重要基础；国家观视野的尚武精神是维系国家安全、捍卫国家主权的精神动力；文化观视野的尚武精神是传承民族文化、弘扬价值观念的重要载体，是影响社会风气的重要因素；修养观视野的尚武精神是涵养个人道德人格、塑造民族性格的道德源泉。尚武精神在新时代依然能够给国家、民族、社会、个人发展提供源源不断的精神动力。

成就与挑战并存。随着改革开放不断深化，我国在取得巨大成就的同时，又遇到了种种新挑战，其中包括来自一些西方国家的围堵打压，如中美贸易战等。为有效维护国家和民族利益，担负起维护世界和平的更多责任，增强履行时代使命的能力，我国的国防和军队建设亟待提升以满足时代需求。习近平总书记围绕建设"敢打仗，打胜仗"的新型人民军队，提出了一系列强军指导思想，有力地推进了我国的国防和军队现代化建设的历史进程。

党的十八大以来，我国社会发展日新月异，人们的思想观念也在发生急剧变化。随着改革开放和新时代中国特色社会主义市场经济的深入发展，社会思想文化向着多元化、复杂化的方向变迁，人们的思想活动呈现出独立性、选择性、多样性、差异性等特征，中华民族尚武精神的传承培育面临着许多新情况、新问题、新挑战。精准把握思想政治教育发展的时代问题，在理论与实践的统一中着力解决新时代思想政治教育发展面临的时代矛盾，是深入贯彻落实党的十九大精神的具体要求。十九届六中全会决议提出了"弘扬伟大建党精神"的重大要求，找寻到了提振民族自尊心、自信心的重要思想武器，而这一思想武器在中华优秀传统文化中的基因即是尚武精神丰富内涵所蕴含的核心要义，二者高度契合。

二、研究意义

本研究遵循历史和逻辑相结合、理论研究与实证分析相结合的研究思路，以新时代青年尚武精神培育的体系建构与实践策略为研究对象，运用马克思主义的基本立场、观点和方法，提炼中华优秀传统文化关于尚武精神及其培育思想，系统梳理中华民族尚武精神的流变历程，提出尚武精神的内涵、特征、功能、价值和新时代意蕴，借鉴外国尚武精神培育的有益经验，以思想政治教育学相关原理为依据，借鉴相关学科理论，建构尚武精神要素结构模型，分析新时代青年尚武精神及培育现状，提出新时代青年尚武精神培育的原则与路径。

习近平总书记指出："我们比历史上任何时期都更接近实现中华民族伟大复兴的目标，比历史上任何时期都更有信心、更有能力实现这个目标。行百里者半九十。距离实现中华民族伟大复兴的目标越近，我们越不能懈怠，越要加倍努力，越要动员广大青年为之奋斗。"[1] 党的十九大报告提出了"时代新人"的育人目标，着力培养青年有理想信念、爱国情怀、道德品质、知识见识、奋斗精神、综合素质，着眼于培养青年坚定、自信、奋进、担当的精神状态，着眼于培养青年能够在新时代担负起实现中华民族伟大复兴的历史重任。[2] 青年尚武精神培育既是新

---

① 习近平. 习近平谈治国理政 [M]. 北京：外文出版社，2014：59.
② 刘建军. 论"时代新人"的科学内涵 [J]. 思想理论教育，2019（2）：9.

时代高校思想政治教育的重要理论课题，又是关乎民族兴衰和青年个人成长的重要实践问题，显现出研究的迫切性和必要性。对"青年尚武精神培育"这一问题进行研究，具有重要的理论意义和实践意义。

1. 理论意义

第一，厘清尚武精神内涵和时代意蕴。中华民族具有 5000 多年的历史文化，尚武精神已经深深地融入中国文化之中，成为不可或缺的重要组成部分。随着社会和时代的变迁，尚武精神的内涵、核心要义、功能、价值都在不断地变化和拓展，学界对此已开展了多维度、多层次的研究，取得了比较丰富的成果，但对尚武精神的内涵、外延及其当代价值尚未形成共识。通过梳理现有研究成果，全面深入探究尚武精神的内涵及其当代意蕴与重要价值，有助于深化对尚武精神的基础性、理论性研究，有助于消除人们对"尚武"的曲解，凸显尚武精神在新时代的价值与意义。

第二，丰富尚武精神的研究内容。本研究提炼中华优秀传统文化、革命文化和社会主义先进文化中关于尚武精神及其培育的思想，借鉴外国尚武精神培育的有益经验，以马克思主义理论关于精神培育思想和思想政治教育学相关原理为依据，借鉴相关学科理论建构尚武精神要素结构模型，深入把握新时代青年尚武精神及培育现状，提出新时代青年尚武精神培育的策略，将进一步丰富尚武精神的研究内容。

第三，丰富思想政治教育的内容。精准把握思想政治教育发展的时代问题，在理论与实践的统一中着力解决新时代高校思想政治教育发展面临的时代矛盾，是深入贯彻落实党的十九大精神的具体要求。① 青年

---

① 史向军，夏玉汉. 增强高校思想政治教育的时代性：新时代高校思想政治教育贯彻落实党的十九大精神的几个维度 [J]. 思想理论教育，2017（12）：21-25.

尚武精神培育，在知识理论边界和教育实践场域均与高校思想政治教育相契合，当属青年思想政治教育的重要课题。但尚武精神培育在思想政治教育理论研究与教育教学实践中，尚未引起足够重视，还属于青年思想政治教育的薄弱环节。本研究是系统探讨尚武精神培育理论与实践的重要尝试，有助于丰富青年思想政治教育的理论与实践研究的内容。

2. 实践意义

第一，为青年尚武精神培育实践提供思路和策略。长期以来，由于青年尚武精神培育理论研究上的薄弱和不足，高校在对青年进行尚武精神培育的过程中，缺乏系统的理论指导和行之有效的实践策略。本研究基于中华民族尚武精神历史流变，概括归纳尚武精神属性特征，构建尚武精神要素结构模型，深入调查新时代青年尚武精神及其培育现状，构建尚武精神培育体系，借鉴国外培育实践，提出了尚武精神培育的原则与路径，能够对当前青年尚武精神培育实践提供理论、经验及策略上的参考，对于加强和改进教育实践、提升青年尚武精神培育的有效性具有重要的现实意义。

第二，有助于培养和提升新时代青年的意志品质。2017年，习近平总书记在中国政法大学视察时指出，青年一代的理想信念、精神状态、综合素质是一个国家发展活力的重要体现和核心竞争力的重要因素。[①] 当前，青年群体精神面貌整体积极向上，但理想信仰缺失、奋斗意识不强、国防意识淡化、责任感和使命感弱化等现象也比较突出，不容忽视。加强尚武精神基础理论及培育策略的研究，有助于指导尚武精神培育的实践活动，培养青年崇德尚武、自强不息、担当作为、精忠爱国的意志品质。

---

① 冯刚等. 中国高校思想政治教育发展史 [M]. 北京：人民出版社，2021：141.

第三，有助于传承弘扬中华优秀传统文化，增强民族文化自信。中华文化是中华民族尚武精神的根基。无论是中华文明5000多年发展中孕育的优秀传统文化，还是中国共产党和中国人民开展结束旧中国半殖民地半封建社会的历史，完成中华民族有史以来最为广泛而深刻的社会变革的伟大斗争孕育的革命文化，也无论是改革开放以来党团结带领中国人民进行新的伟大革命孕育的社会主义先进文化，都涵养了中华民族生生不息的尚武精神。尚武精神也因此成为中华优秀文化的有机组成部分和重要体现。培育以爱国主义为核心，以维护国家安全、捍卫国家主权、维系社会正义为目的，以强化个体社会担当、提升自立自强意识和意志品质为价值取向，以崇德尚武、见义勇为、坚韧勇敢、自强不息、刚健有为为主要特征的尚武精神，对于传承、弘扬中华优秀传统文化，增强民族文化自信有重要的实践意义。

第二节　研究现状与综述

一、国内研究现状综述

以"尚武精神"为关键词，通过中国知网检索1985—2018年间的期刊文献，按照研究的学科领域划分，相关研究主要关涉体育、军事、历史、文学四个领域；从研究时间和内容来看，2013年之前的研究多从历史或文学视角研究尚武精神，主要是对某一时期或某一区域，又或是某一作品所凸显的尚武精神的考察。曾超的博士论文《巴人尚武精神研究》是对尚武精神深度研究的肇始。① 2013 年之后，学者多从体育、国防视角展开研究。就其培育研究而言，多是与国防教育、体育、军事教育融合在一起的，而以青年为对象的直接研究不多。本研究主要从中华民族尚武精神的形成演变、本质与核心要义、价值意蕴、产生及影响因素等维度，对已有成果进行综述与评价，并阐述本书的观点。

1. 中华民族尚武精神流变研究

从已有文献来看，对中华民族尚武精神历史流变通观视角的研究较少，学者程远的研究比较有代表意义。他认为中华民族尚武精神的历史发展轨迹总体上呈现炎黄初创、春秋勃发、汉唐高峰、宋代衰落、清朝及后期波浪式起起落落趋势，并得出"尚武精神的轨迹与国家强弱是完全对应"的论断。② 曹学胜也从中国历史的强弱与尚武精神的紧密程度的视角，分析了秦汉、唐、宋、元、明、清时期中华民族尚武精神由强转弱的嬗变过程，并对中国共产党和以毛泽东为代表的老一辈无产阶级革命家在领导中国革命和建设实践中展现出的革命精神给予了高度评价。③ 关于尚武精神势弱的原因，曹永胜从制度、文化和政府指导思想三个方面做了归纳：①制度层面，政府和民间都重文轻武；②文化层面，中国人崇尚人和自然界的和谐，不主张征服；③思想层面，国家统一，没有了强敌，领导者和精英阶层失去了开拓精神。④ 综合已有研究，学界在中华民族尚武精神兴衰的时间节点、势弱根源等方面达成了一定的共识。尚武精神致弱因素的剖析，对新时代尚武精神培育的紧迫性有一定的警示意义。

---

① 曾超. 巴人尚武精神研究 [D]. 北京：中央民族大学，2005.
② 程远. 中华民族尚武精神的历史轨迹及文化启示 [J]. 西安政治学院学报，2016（6）：109-114.
③ 曹永胜. 中华民族与尚武精神 [J]. 中国军转民，2016（2）：50.
④ 曹永胜. 中华民族与尚武精神 [J]. 中国军转民，2016（2）：47+49.

2. 尚武精神本质研究

从目前搜集到的文献资料来看，学界对尚武精神的本质的界定可大致分为两类。

从"品质论"维度界定尚武精神的本质。张世平指出，尚武精神是指人类在武力冲突对抗中战胜对手所需要的相关精神品质。[①] 李梦桐等认为，尚武精神属于武德的内容，是一种见义勇为的精神。[②] 吴永杰认为，尚武是对武力的崇尚，更是对"武"所表现出来的种种精神品质的崇尚。尚武精神是推崇武力、刚健有为精神的表现，是人们在挫折面前不畏艰辛、勇敢刚毅的品质。[③] 王珍把秦汉时期的尚武精神看作"进取精神"。[④] 温力认为，尚武精神是以爱国主义为核心，以崇尚勇武为特征，团结和谐、积极向上、刚健有为的民族精神。[⑤] 谢广田等认为尚武精神集中代表了中华民族的爱国、强身、保民、勇为、自强、抗争、向上的精神。徐朋认为尚武精神具有以武促和平、保生存、谋发展的自强不息、奋发进取的精神品质。[⑥]

从"功能论"维度界定尚武精神的本质。在《军事大辞典》中，尚武精神是"指人们对军事事业的重视以及由此而形成的习兵尚武的风气"[⑦]。由此可见，尚武精神是一种价值选择，具有十分强烈的激励、教育和导向功能。左步青分析了尚武精神对满族的激励作用，认为这种

---

① 张世平. 论尚武精神 [J]. 政工学刊，2006（1）：46-47.
② 李梦桐，胡晓飞，李金龙，等. 论尚武精神及其培养 [J]. 北京体育大学学报，2014，37（8）：100-106+111.
③ 吴永杰. "尚武精神"的内涵及其在学校武术教育中的价值和传承研究 [D]. 新乡：河南师范大学，2012.
④ 王珍. 浅析秦汉人的进取精神 [J]. 三峡大学学报（人文社会科学版），2005（S1）：202-203.
⑤ 温力. 尚武精神及其对武术发展的影响 [J]. 武汉体育学院学报，2009，43（8）：5-10.
⑥ 徐朋. 反思甲午战争培养尚武精神 [J]. 西安政治学院学报，2014（8）：122.
⑦ 郑文翰. 军事大辞典 [M]. 上海：上海辞书出版社，1992：361.

尚武精神是增强民族凝聚力的巨大力量。① 夏顺忠等认为，弘扬尚武精神可以激励军人百炼成钢的锐气血性。② 徐辉认为，崇尚"义战"与"人和"是中华民族与生俱来的人本意识的文化体现，对国家行为具有导向作用。③ 从战争观、战略目标和战略手段上看，中华民族的"尚武"历来以尚武崇德为准则，以追求和平为目标，从质上与纯粹的武力、暴力、军国主义等相区别。

"品质论"观点反映出，尚武精神本质是一种精神品质，是对"武"所表现出来的种种精神品质的崇尚，强调的是个体或群体精神品质的目标性，引领个体或群体追求完善与提升。"功能论"观点则突出了尚武精神的教育导向功能和激励作用，强调的是其在个体、群体、社会、国家发展层面的助推作用。鉴于两种观点各有侧重，本研究融合两者观点所长，对"尚武精神"做出界定：以爱国主义为核心，以维护国家安全、捍卫国家主权、维系社会正义、强化社会担当、提升个体自立自尊自强意识和意志品质为价值取向，以崇德尚武、见义勇为、坚韧勇敢、自强不息、刚健有为为主要特征的精神。

3. 尚武精神核心要义研究

学界研究或从品质出发界定，或从其功能出发界定，对尚武精神的内涵做出了非常丰富、比较全面的诠释。"尚武"及"尚武精神"也有其特定的内核要义，而随着时代的发展和人们对其认识、体悟的深化，尚武精神的外延也得到了衍生和扩展。学界从不同层面探讨了尚武精神

---

① 左步青. 满洲贵族的尚武精神及其泯灭 [J]. 故宫博物院院刊，1989 (3)：32-37.
② 夏顺忠，李涛，杨贵针. 在弘扬英雄精神中锻造军人血性 [J]. 军队政工理论研究，2015, 16 (6)：64-66.
③ 徐辉. 尚武精神与中国先进军事文化 [J]. 军事历史研究，2012, 26 (2)：150-152+160.

的核心要义，主要包含以下几方面。

爱国报国。爱国主义是尚武精神的最高境界和具体要求。姚猛刚等概括总结了军人尚武精神的具体表现：听党指挥，坚决履行历史使命；热爱人民，对人民忠诚；英勇善战，捍卫国家主权和领土完整。① 报国是爱国的实际表现、具体行为。王联斌指出，孔子的尚武思想是以"仁"为核心，以"足兵"说为基石，以为"父母之国"而献身为最高价值和最大荣誉，以安国、济民、匡天下为最高价值理想，形成的独具特色的思想体系。②

崇德尚勇。中华民族"德"的指向，决定了尚武精神的功能取向及"勇"的表现形态和展现程度。王军平指出，"习武先习德""尚德不尚力"是中国传统社会优秀道德观念在武术文化中的体现，武术的生命力不仅在于技击，更在于尚武崇德的思想内涵。③ 金向红等认为，尚武崇德是从事武术运动的人在社会活动中所遵循的道德规范和应有的道德品质。④ 梁启超认为，所谓的"武"意蕴在于其精神，"诚欲养尚武之精神，则不可不具备三力，即心力、胆力和体力"，其所谓心力就是指不畏险阻和一往无前的勇气。⑤ 温力认为，尚武精神体现了团结和谐、积极向上、刚健有为的意志品质。⑥ 中华民族自古以来就推崇勇者无惧的尚武精神，这是中华民族的精神脊梁，也是中华民族生生不息的

---

① 姚猛刚，王兆屹. 军事院校尚武文化建设研究 [J]. 赤峰学院学报（哲学社会科学版），2010，31（6）：148-150.
② 王联斌. 孔子尚武爱国教育思想及现代启示 [J]. 思想教育研究，2010（1）：101-103.
③ 王军平. 论中华传统武术文化中尚武崇德的内涵 [J]. 搏击·武术科学（学术版），2005（4）：14-16.
④ 金向红，武俊昊. 尚武崇德对青少年思想品格的塑造 [J]. 搏击·武术科学，2007（4）：20-21.
⑤ 梁启超. 新民说：论尚武 [M] //国家体委体育文史工作委员会，全国体总文史资料编审委员会. 中国近代体育文选. 北京：人民体育出版社，1990：11.
⑥ 温力. 尚武精神及其对武术发展的影响 [J]. 武汉体育学院学报，2009，43（8）：5-10.

力量源泉。

追求和平。和平的实现是以武力制衡来换取和捍卫的。林燕华指出了在中国当代语境下"尚武精神"的新内涵——在军事战略上，以武装斗争为牵引，树立科学的战争观，不好战，不畏战，以战应战，以战止战。① 梁安祥认为，尚武不是好战，而是为了有备无患，临战不乱；尚武精神昭示国人，身处和平环境，务必居安思危，勿忘忧劳兴国，逸豫亡身之理。中华民族的尚武精神是以追求和平为目的的。② 徐辉指出，中华民族的尚武精神不同于"唯暴力论"的野蛮黩武，而是崇尚"义战"与"人和"。③

刚毅自强。刚毅自强是尚武精神的内在品质要求，也是外在呈现。吴永杰认为，尚武精神是人们在自身和社会发展过程中，为了战胜自然和对手而具有的种种坚韧不拔的精神品质，更是生命活力的价值体现。④ 谢广田等认为，尚武精神集中代表了中华民族的爱国、强身、保民、勇为、自强、抗争、向上的精神，具有尚武精神，才能具备在逆境中向上的坚强意志。⑤

重义轻利。李梦桐等研究认为，尚武精神属于武德的内容，是一种见义勇为的精神。⑥ 刘保刚认为侠义精神包括轻生死及尚力行的尚武精

① 林燕华. 中国军事发展与尚武精神 [J]. 今日中国论坛，2013（19）：441+443.
② 梁安祥. 重塑尚武精神：武术文化的时代生长点 [J]. 少林与太极（中州体育），2013（9）：1-3+6.
③ 徐辉. 尚武精神与中国先进军事文化 [J]. 军事历史研究，2012，26（2）：150-152+160.
④ 吴永杰. "尚武精神"的内涵及其在学校武术教育中的价值和传承研究 [D]. 新乡：河南师范大学，2012.
⑤ 谢广田，蔡宝忠. 论中华民族的"尚武精神"：近代著名教育家、思想家、政治家的武术观 [J]. 搏击·武术科学（学术版），2005（1）：3.
⑥ 李梦桐，胡晓飞，李金龙，等. 论尚武精神及其培养 [J]. 北京体育大学学报，2014，37（8）：100-106+111.

神、勇于急难赴义之精神、重然诺守信义之精神、富有同情心的大爱精神四方面的内容。①

强身健体。"武"不仅仅指武力、军事，其广泛含义还包括种类繁多的竞技体育。竞技体育通过激烈的身体接触，展现了对立双方勇武的性格。国力强盛的主要标志之一就是国民拥有良好的身体素质，而良好身体素质的养成，首先需要传承和弘扬尚武精神。"强军必先强体，强体重在健身"，形式多样、内容丰富的体育活动可以潜移默化地提升人口素质，强健民族体魂。

研究者普遍认为，中华民族尚武精神中蕴含着爱国卫国的志向，居安思危的观念，刚毅坚强的意志，奋发进取、刚健有为的行为取向等，中华民族尚武精神"以战止战，是对外族入侵的积极应战和坚决反抗，不是穷兵黩武之意"②。

综上，尚武精神的核心要义包括爱国尚和、尚武崇德、刚毅自强、重义轻利、强身健体等。在战乱年代，尚武精神体现为不畏艰险、不怕牺牲、一往无前、锤炼成钢的血性和战斗精神；在和平年代，又转化升华为自强不息、刚健有为、攻坚克难的奋斗精神。这种精神是新时代全面建成小康社会的现实需要，是实现中华民族伟大复兴梦想的动力之源。

4. 对不同群体尚武精神的研究

（1）对历史上典型群体尚武精神的研究。关于楚人尚武精神的研究。陈恳等分析了楚人天性劲勇、尚武、喜战、乐斗的民族性格。③ 杨

---

① 刘保刚. 试论近代中国的侠义精神 [J]. 郑州大学学报（哲学社会科学版），2013，46（2）：149-154.
② 王联斌. 孔子尚武爱国教育思想及现代启示 [J]. 思想教育研究，2010（1）：101-103.
③ 陈恳，英子，杨爱华."先秦楚人尚武"考论 [J]. 体育文化导刊，2005（10）：77-79.

爱华、陈恳等分析了楚人尚武的特征与表现，认为君王是尚武精神的提倡者和培育者，楚臣普遍具有军事战争经验和军事指挥才能以及高超的武艺，楚国百姓也普遍具有克难犯险、勇于搏斗的精神。① 关于巴人尚武精神的研究。曾超认为，尚武融会贯通于巴人的政治、经济、军事、文化、精神等领域。其中，政权建设是巴人的尚武精神的政治保障，大迁徙和频繁的军事活动则不仅是巴人尚武精神的流动轨迹和线性展示，而且强化了巴人对尚武精神的培育；白虎崇拜则是巴人尚武精神的意识流露与集聚，并使之成为白虎武神崇拜；巴渝歌舞、跳丧等则不仅使巴人尚武精神得以传承，更使其艺术化、习俗化、大众化。② 关于西夏人尚武精神的研究。樊丽沙、杨富学认为崇尚武力是西夏政权的立国根基；西夏人尚武精神在生活中具体表现为善于骑射狩猎的习俗、恩仇必报的民族心理、全民皆兵的尚武自觉、宁折不弯的刚烈性格。他们把西夏后期尚武精神的弱化归因于"'逐水草而居'向农业文明的转变、儒学与佛教思想的输入等因素交互作用"。③ 关于满族尚武精神的研究。左步青描述了满洲贵族的尚武精神及其泯灭的原因。④ 赫金鸣讨论了满洲族崇文尚武的传统，认为满洲族建立清王朝仰仗于其崇文尚武与亲民爱国的精神。⑤

（2）对当代典型群体尚武精神的研究。群体尚武精神的研究少且分散，其中以当代军人为研究对象最具代表性。

---

① 杨爱华，陈恳，李英，等. 先秦楚人"尚武"成因探析［J］. 军事体育进修学院学报，2007（2）：1-4.
② 曾超. 巴人尚武精神研究［D］. 北京：中央民族大学，2005.
③ 樊丽沙，杨富学. 论西夏人的尚武精神［J］. 青海民族学院学报，2008（3）：66-70.
④ 左步青. 满洲贵族的尚武精神及其泯灭［J］. 故宫博物院院刊，1989（3）：32-37.
⑤ 赫金鸣. 论满洲族崇文尚武与亲民爱国民族精神：满族非物质文化遗产研究［J］. 学理论，2016（8）：179-180.

陈发金对革命军人精神进行了研究，认为革命军人精神包括坚定的革命理想信念、自觉的牺牲奉献精神、坚贞不屈的革命气节，同时提出了价值体现、形成途径。① 姚猛刚等把"坚定立场、不畏强权、抗击侵略、不怕牺牲的战斗精神，高超的军事素质和强悍的战斗力，高尚的革命英雄主义道德情操"概括为我军尚武精神的基本内容，分析了军人尚武精神"万众一心，报国图强"的价值。② 周波把"忠""智""勇""仁"看作尚武精神在新时期军人群体中的突出表现。③

习近平总书记在 2014 年古田全军政治工作会议上提出了有灵魂、有本事、有血性、有品德的"四有"军人培养要求，提出了具体的实践路径。其中，抓好铸牢军魂、抓好战斗精神培育、增强军人职业吸引力和军人使命感荣誉感、培养官兵大无畏的英雄气概和英勇顽强的战斗作风具有现实指导意义。习近平总书记关于新时代革命军人政治思想工作的五点要求，是对新时代军人尚武精神内涵的全新解读，即新时代军人的尚武精神是不怕苦、不怕死的精神，是英勇无畏、勇往直前的战斗作风，是对军人提出的对党忠诚、能打胜仗、作风优良要求的具体化；强调了在军队中弘扬、传承、培育尚武精神，加强尚武精神文化建设的重要性。④

5. 对尚武精神产生及影响因素的研究

尚武精神的形成是自然环境和社会环境共同作用的结果。自然环境和自然条件是尚武精神形成和发展的重要客观因素，社会历史条件和现

① 陈发金. 论革命军人的精神支柱 [J]. 武警工程学院学报，2000（1）：27-29.
② 姚猛刚，王兆屹. 军事院校尚武文化建设研究 [J]. 赤峰学院学报（汉文哲学社会科学版），2010，31（6）：148-150.
③ 周波. 中国军人战斗精神培育研究 [D]. 长春：东北师范大学，2015.
④ 习近平. 发挥政治工作对强军兴军的生命线作用 为实现党在新形势下的强军目标而奋斗 [N]. 人民日报，2014-11-02（1）.

实条件是尚武精神形成和发展的重要社会因素。

关于产生原因的分析。①自然原因。早期人类为了获取生存资源，争夺生存空间、生存权，或者是为了自卫，普遍采取武力方式。这形成了人类早期的尚武意识。李元认为，在人口和资源的双重压力下，不断展开的争夺生存空间的战争，使任何想要生存和发展的族团都必须对战争采取一种文化适应，从心理上培植英雄主义的尚武精神，并使之成为氏族成员的一种潜意识。掠夺的需要可以产生尚武精神，防御的需要也可以产生尚武精神。① 陈恩等对先秦楚人的尚武精神进行过研究，认为特定的地理环境是先秦楚人尚武的根本原因。② ②社会原因。尚武精神的形成是社会历史条件长期作用的结果。尚武精神是对"武勇的崇拜、对英雄人物的敬慕逐一交汇"而形成的。在勇武精神的激励下，人人都追求完善自我、超越自我，而实现这一目的，离不开尚武精神。

关于影响因素的研究。①崇尚和平的心理需求。"特殊的历史社会因素，致使战争、杀伐、动荡、亡国、灭族、生存危机等外在的社会现实在人们的思想意识深处植根、萌发，人们由此产生了对和平与安定的强烈渴望和希冀。"③ ②主流价值观念。以宋代为例，程朱理学把儒家思想绝对化、教条化，把"天理"与"人欲"对立起来，思想禁锢。文人不再佩剑，男人不再以立功疆场为荣，而是沉醉在书牍文案和诗词歌赋之中。尚武精神的失落和武备的废弛，导致宋朝数百年间积弱不振、饱受欺凌。

由上可见，尚武精神的形成与个体或民族的生存发展、生活地域、文化心理相关，而其发展受传统历史、治国思想、宗教信仰、主流价值

---

① 李元. 尚武精神与华夏文化的起源 [J]. 学习与探索, 1993 (4)：128-133.
② 陈恩，英子，杨爱华. "先秦楚人尚武" 考论 [J]. 体育文化导刊, 2005 (10)：77-79.
③ 喻学忠，田青. 东周社会尚武精神探源 [J]. 重庆三峡学院学报, 2010 (1)：127.

观、时代要求等因素的影响。这些规律性认识对尚武精神培育有重要的指导意义。

6. 关于青年尚武精神现状的调查与研究

学界有关青年尚武精神的专门性研究不多，大多是从不同的侧面展开。不少学者从意识层面、思想层面、行为取向等方面对青年群体尚武精神现状进行了理论分析与实证研究。

青年尚武精神缺失表现的研究。①国防意识淡薄。李科 2013 年调研发现，整体而言青年的国防意识较为淡薄；男青年的国防意识显著强于女青年；一年级、二年级本科生的国防意识显著强于三年级、四年级本科生；理工类、经管类、医学类青年的国防意识比人文类专业青年的国防意识强，① 但未做原因分析。曾蓉总结了当前高校青年国防意识现状存在的三个问题：对国防知识的了解程度存在着性别、年级差异，青年国防责任意识不足，自觉维护国家安全意识欠缺。② 何碧如等对现代90 后青年国防意识现状进行了调查分析，认为 90 后青年国防意识相对缺乏，缺乏"天下兴亡，匹夫有责"意识，对西方"文化侵略"警觉性不高，"两耳不闻窗外事，一心只读圣贤书"思想蔓延，入伍积极性不高。③ 徐敏 2008 年对在校青年应征入伍现状进行了分析，研究发现：应征入伍青年有献身国防、报效祖国的强烈愿望，但并非唯一理由；优惠的入伍政策也能引发学生产生较强的入伍意向和行为。④ ②奋斗意识

---

① 李科. 我国国防教育研究现状与前瞻：基于 CNKI（2002—2011 年）的统计分析 [J]. 教育文化论坛，2013，5（6）：31-36.
② 曾蓉. 当前高校大学生国防意识现状及对策 [J]. 吉林省教育学院学报，2014，30（1）：114-115.
③ 何碧如，何坚茹，叶柏霜. 90 后大学生国防意识现状调查及对策分析：以温州地区为例 [J]. 中国电力教育，2011（11）：176-177.
④ 徐敏. 在校大学生应征入伍现状分析及对策研究 [D]. 长沙：中南大学，2008.

缺失。李静雅等调查发现 90 后的艰苦奋斗精神比较缺失，青年群体中普遍存在着浮躁情绪，急于求成，主要原因是生活条件优厚和家长过分宠爱。① 孙其昂等研究发现，随着社会现代化的转型，青年人精神世界变得多元而复杂，并逐渐产生"鄙视崇高、厌世、功利主义、缺乏社会责任感"等异化现象。② ③理想信念动摇。中国改革开放和市场经济的发展，成就了当前价值观念多元的时代，但"英雄过时论"与"去英雄化"思潮的存在，"娱乐至死"的大环境，也使得国民尚武精神出现弱化的趋势，部分青年缺乏正确的人生追求，英雄崇拜观偏差，对偶像明星的崇拜远甚于对于烈士英雄的崇拜，贪图享乐，生活习惯不良，创新兴趣不浓厚。④历史责任感和使命感弱化。当代青年参与社会实践、勤工俭学的热情不足、次数较少、动机不纯，与社会之间联系不密切，对社会大事、时事政治并不关心，个人主义强烈，缺乏奉献精神。在职业选择上，多以赚钱多、来钱快为选择的标准，而非是否对国家、对社会、对人民有贡献。③

关于青年尚武行为研究。《中国学生体质监测发展历程（2017）》调查发现，当前青年体育参与度不高。有数据显示，我国青年体质呈连续下降的趋势，肥胖率、近视率大幅上升，体质下降，运动能力和运动兴趣大幅减弱。蔡瑾瑾认为在校青年对武术精神和武术兴趣降低，甚至对武术的健身作用存有越来越多质疑的根源是尚武精神的缺失，并提出了两方面的建议：一是把青年精神追求引导到关注国家和民族的前途方面，防止青年的"精神瘫痪"；二是完善良好的教育环境，将尚武精神

---

① 李静雅，刘红宁，陈永成. 大学生意志力培养途径探讨：以江西中医药大学"双惟"实践班为例 [J]. 江西中医药大学学报，2015，27（1）：98-101.

② 孙其昂，倪秋思. 当代青年精神生活异化的现代性分析 [J]. 中国青年研究，2012（7）：10-14.

③ 陈献军. 论大学生的意志品质培养 [J]. 宿州师专学报，2003（3）：85-86.

融入办学理念、校风校训等大学精神文化培育体系之中，以潜移默化的方式实现教育目的。①

有关青年尚武精神培育路径的研究。学界针对青年尚武精神培育的直接研究不多，大多是从不同的侧面展开，多是与国防教育、体育、军事教育融合在一起。①课堂培育。尹建平等就课程体系、内容体系及体系平台等方面提出了建设性思路：课程体系立体化，"主体+拓展+提升"相结合；内容体系最优化，体现出系统性、重点性、时代性、特色性；平台建设专业化，组建军事理论课程教研室，提高军事理论课程教学质量。② ②体育锻炼。体育锻炼是提升青年意志品质的基本途径。胡纯研究分析了体育锻炼对非体育专业青年意志品质的影响，认为体育锻炼使青年获得了意志锻炼的直接经验，能增强其纪律性和自我控制能力。③ 高校也纷纷成立学生社团组织，如北京大学武术协会、常州大学尚武社等，旨在弘扬和培育在校青年的尚武精神，培养他们健康的体质和"尚武"的精神状态。③军事训练。军事教育可以通过军事理论课和军事技能训练，铸造青年的尚武精神。郭源阳等分析了高校军事训练对青年意志品质的提升作用，认为军事训练可以帮助青年形成坚强的意志特征，建立克服性格弱点的信心，提高青年的自觉性、果断性、坚韧性、自制性。④ 刘文炳认为，军事技能训练可以培养学生不怕苦不怕

① 蔡瑾瑾. 对高校大学生进行武术精神培养的探究 [J]. 教书育人（高教论坛），2015（36）：46-47.

② 尹建平，蔺玄晋. 普通高校军事理论课程体系建设研究 [J]. 内蒙古师范大学学报（教育科学版），2016（7）：75-78+158.

③ 胡纯. 体育锻炼对非体育专业大学生意志品质的影响 [J]. 四川体育科学，2013（2）：44-47.

④ 郭源阳，项青. 试析高校军事训练对大学生意志品质的提升 [J]. 吉林省教育学院学报，2013（9）：25-26.

累，勇于拼搏、勇敢顽强、坚韧不拔的良好心理品质。① 吴温暖认为，军事教育能有效培养在校青年百折不挠的意志、坚韧不拔的毅力和不畏艰难的吃苦精神。② 刘美喜提出，"通过军训可以培养学生的组织纪律性和勇敢顽强、坚韧不拔、吃苦耐劳、不怕困难的革命英雄主义精神"。③ 总的来说，当代青年尚武精神培育，旨在通过以军事理论、军事训练为主要形式的国防教育，以武术、田径等各类活动为主要形式的体育及一系列行之有效的思想政治教育活动，提升个体自立自尊自强意识和意志品质，培养其坚定的爱国信念，强化其社会担当和责任的精神。

二、国外研究现状综述

中国提倡的尚武精神是以维护国家安全、捍卫国家主权、维系社会正义为最终目的，在话语体系层面与欧美、日本等发达国家有显著不同。西方将"尚武精神"译为"militarism"或"martial spirit"，带有鲜明的军事色彩。西方传统中的尚武精神侧重于诉诸武力的行事风格或指导思想，是一种偏向极端的军事精神，关涉"个人意识形态"和"经济资源由社会其他领域流向军事"④。威廉·菲腊斯（William Felice）曾通过列举大量数据（以美国社会为例）就"尚武"与经济发展间的关系做了详细分析，指出"国家借由独立与自由而投入军事中的费用

① 刘文炳. 浅谈高校开展国防教育的意义和作用 ［J］. 福建农林大学学报（哲学社会科学版），2006（2）：77-79.
② 吴温暖. 加强高校国防教育的重要意义 ［J］. 高校理论战线，2002（9）：38.
③ 刘美喜. 完善大学生军事技能训练制度的思考 ［J］. 经纪人学报，2006（2）：140-142.
④ D'AGOSTIND B. Militarism, Machismo, and the Regulation of Self-Image ［J］. *Journal of Psychohistory*，2018，45（3）：177-191.

与国民经济发展呈负相关"。① 西方社会往往忽视"尚武"在和平方面所产生的巨大积极作用。法桑（Fassin）研究认为，尚武精神是一种由国家和政府主宰并实施的主义，而非一种允许全民持有的具有思想导向性的精神，"披着人道主义的外衣"②，甚至鼓吹"人道尚武主义"③，"掩盖了城市贫民日常生活中的恐惧和危险"，但仍摆脱不了其战争及军国主义实质。④ 在外国民族精神的实践领域，武士道精神和骑士精神与中华民族尚武精神在功能价值方面有很多相似或相近之处。本研究将武士道精神和骑士精神的相关研究作为参照，对相关文献进行简要综述。

1. 武士道精神研究

武士道精神作为日本精神的核心，贯穿了整个日本近代化过程。直至今日，武士道精神仍然影响着日本人的生活方式和精神信仰。《叶隐闻书》又名《叶隐论语》，成书于1716年，被称为武士的修身宝典，也是武士道精神的研究源头。该书开宗明义，揭示了武士道的本质：武士道者，死之谓也。赴死、忠义两全是武士道的终极追求。"忠义"更是作为考量一名武士是否合格的首要标准，认为武士"即便身无长处、行事古板，只需忠心耿耿，便可成为深得依赖的家臣，其价值甚于仅用智慧与技艺效忠者"⑤。武士必须具备敢作敢为、坚韧不拔的精神，且

① FELICE W F. William F. Militarism and human right ［J］. *International Affairs*, 1998, 74 （1）: 25-40.

② FASSIN D, MARIELLA P. Didier and Mariella Pandolfi. Introduction: Military and humanitarian government in the age of intervention. In Didier Fassin and Mariella Pandolfi, eds., *Contemporary states of emergency: The politics of military and humanitarian interventions* ［M］. New York: Zone Books, 2010: 9-28.

③ GREENBURG J. The "strong arm" and the "friendly hand": Military humanitarianism in post-earthquake Haiti ［J］. *Journal of Haitian Studies*, 2013, 19 （1）: 95-122.

④ （美）SAVELL S. Performing humanitarian militarism ［J］. *Focaal*, 2016, 75: 59-72.

⑤ （日）山本常朝, 田代阵基. 叶隐闻书 ［M］. 赵秀娟, 译. 长春: 吉林出版集团股份有限公司, 2014: 2.

要注重武艺的习得与精进，同时武士应克己奉公、勤俭自律。

新渡户稻造于 1899 年出版的《武士道》① 一书，探究了武士道的起源，从伦理道德层面对武士道加以界定，并从义、勇、仁、礼、诚、荣耀、忠等方面剖析武士道的精神内涵。同时，为便于西方社会理解、认识武士道精神，大量引用西方的历史和典故，在对比分析中诠释武士道精神，反映武士道的特性与本质。然而同时，作者虽然竭力美化武士道精神，却也难掩其虚伪、偏执、残忍的一面。

除此之外，芳贺矢一《国民性十论》②、小泉八云的著作《日本与日本人》③ 等都把忠义精神看作日本特有的国民性而加以颂扬。美国文化人类学家鲁思·本尼迪克特的《菊与刀》④ 分析了日本人的风俗习惯、道德观念，以及如何通过"自我训练"（修养）使孩子学到传统。本书对日本社会的武士道精神有着详细的阐述。

日本的尚武精神，尤其是武士道精神得到了中国学者的重点研究。王志肯定了日本尚武精神的重要作用，认为以尚武精神为价值理念的武士阶层，统治日本长达 700 年之久，创造了日本历史发展的新阶段，使日本社会走出了以中国为代表的东亚历史的常态。⑤ 林景渊相继撰写了专著《武士道与中国文化》⑥《武士道与日本传统精神——日本武士道之研究》⑦。《武士道与中国文化》一书从文化渊源上讲述了日本国民性和武士道的特性，并分析了武士道与中国文化的关系。《武士道与日本

---

① 新渡户稻造. 武士道 [M]. 周燕宏，译. 南京：译林出版社，2014.
② 芳贺矢一. 国民性十论 [M]. 胡山源，译. 东京：东京富山房，1909.
③ 小泉八云. 日本与日本人 [M]. 胡山源，译. 北京：中国社会科学出版社，2008.
④ 鲁思·本尼迪克特. 菊与刀 [M]. 王纪卿，译. 北京：中国友谊出版公司，2017.
⑤ 王志. 日本近世儒学中的尚武思想 [J]. 大连大学学报，2012，33（5）：36-42.
⑥ 林景渊. 武士道与中国文化 [M]. 台北：锦冠出版社，1988：6.
⑦ 林景渊. 武士道与日本传统精神：日本武士道之研究 [M]. 台北：自立晚报文化出版部，1990：37.

传统精神——日本武士道之研究》一书在综合了中国、日本以及欧美学者的研究基础之上，概括了武士道的定义，分析了武士道与日本传统文化，对比了武士道与中国文化等。

武士道精神后来被日本右翼势力利用，成为军国主义对外侵略扩张的思想基础，在近代致使日本走上军国主义道路。娄贵书认为，武士与武士道是日本独有的"双刃剑文化"，武士道精神是日本帝国主义对外侵略的思想基础，同时也推动了战后日本经济的快速发展。军国主义占据社会主导地位后，在其支配下，近代武士道精神实质上成为被军国主义所绑架的意识形态，对内是一种精神工具，毒化和控制日本国民的思想；对外则鼓动穷兵黩武，发动侵略战争。①

2. 骑士精神研究

骑士精神是一种信仰，是一种行为模式和道德规范，是骑士制度的精神产物，代表了一种高尚品格。骑士是中世纪欧洲一个十分重要的群体，以基督教为信仰，以服务王权为根本职责。骑士阶层在日常活动中表现出来的英勇、忠诚、正义等优良品质，称为骑士精神。② 英国学者埃德加·普雷斯蒂奇（Edgar Prestag）的《骑士制度》③ 收录了关于骑士制度的起源以及各地骑士制度的相关文章，通过骑士的教育、骑士的比武等方面分析了骑士精神。

骑士精神是中世纪欧洲上层社会的贵族精神文明，以个人身份的优越感为道德和人格的追求目标。骑士精神积淀着西欧民族远古尚武精神的某些积极因素，同时继承了古代欧洲部落文明至早期工商业文明以来的尚武精神，代表了中世纪贵族的高尚品格，对西方社会产生了深刻的

---

① 娄贵书. 日本刀刃上的文化：武士与武士道 [M]. 北京：中国社会科学出版社，2013：45.
② 朱伟奇. 中世纪骑士精神 [M]. 西安：陕西人民出版社，2004：76.
③ 埃德加·普雷斯蒂奇. 骑士制度 [M]. 林中泽，等译. 上海：上海三联书店，2010：85.

影响，成为人们的道德规范、精神追求、个人修养的重要组成部分，①
构成了当中的绅士文化及欧洲文化中的贵族色彩。随着时间的推移，其
在欧洲的意义已经被改进，以更广泛地强调社会和道德美德。莫里斯·
肯恩（Maurice Keen）② 认为骑士在 12 世纪中叶起源于法国北部，但它
在欧洲的背景下获得了新的社会地位、新的军事技术和新的称谓。斯维
尼·詹姆斯·罗斯（Sweeney James Ross）③ 认为骑士的理想是基于早期
中世纪战士阶级的，军事演习和军事美德仍然是直到中世纪时期结束时
的骑士兵的一个组成部分。到中世纪，富有的商人努力让他们的孩子在
贵族学校接受教育，在那里他们接受骑士课的方式训练。这是骑士的民
主化，导致了一种新的类型，称为礼貌书，即"绅士"行为指南。到
14 世纪，骑士精神经历了复兴和骑士礼仪以及规则的制定后，被塑造
成了一种对理想过去的虚拟和模仿。约翰·赫伊津哈（Johan
Huizinga）④ 在中世纪，致力于构建一个完整的"骑士精神的思想"，将
骑士的文学形象与实际的战争形成对比，利用习俗、礼仪、服装、英勇
的幻想、尊严、荣誉和智慧为人们塑造一个完美的过去。到 20 世纪初，
骑士精神所体现的阳刚美德遭到女权主义的攻击，并随着它所倡导的决
斗文化而衰落。

朱珊娇通过研究欧洲文学作品，对骑士精神进行了研究，分析了骑
士精神的高尚品格——英勇、公正、牺牲等。骑士精神作为中世纪欧洲
上层社会的贵族精神文明，继承了古代欧洲部落文明至早期工商业文明

① 米晓雷. 浅论骑士精神对顾拜旦奥林匹克思想的影响 ［C］//第七届全国体育科学大会论
文摘要汇编（一）. 北京：中国体育科学学会，2004（10）：279.

② MAURICE M H. *Chivalry*［M］. New Haven and London：Yale University Press，1984：99.

③ SWEENEY J R. "*Chivalry.*" *Dictionary of the Middle Ages*［M］. New York：Scribner's，1987：
991.

④ HUIZINGA J. The Waning of the Middle Ages［M］. *Mineola*：Dover Publications，1999：125.

以来的尚武精神，展现了西欧民族远古尚武精神的某些积极因素，如"为被压迫者和被压迫者牺牲全部力量乃至生命的慷慨勇敢精神"①。

三、现有研究存在的问题

学界目前对中华民族尚武精神的历史地位和时代价值达成共识，认为尚武精神不仅是中华民族形成的思想基础，也是中华民族复兴的精神动力。从思想政治教育的视角来看，学界也认识到青年思想状况出现了一系列问题，初步形成了对尚武精神培育必要性和重要性的共识，对尚武精神培育的内容、途径与原则也有所探讨。这些研究成果都成为本研究的立论基础。通过搜集资料发现，直接以"青年尚武精神培育研究"为主题的论文较少，为本书在理论和实践上做深入探讨留下了可拓展的空间。现有研究主要存在以下问题。

（1）研究整体性不足。学界对尚武精神培育的重要性、精神实质等进行了大量的研究并取得了较为丰硕的理论成果，形成了一定的实践经验。但从目前的研究来看，学界主要局限于武术精神、民族精神和国防意识研究，或对于某一历史时期或者某一少数民族的尚武精神研究，而对尚武精神内涵、功能、价值、时代意蕴以及培育的理论依据、原则路径等整体性研究明显不足。

（2）研究的深度不够。虽然当前学界对尚武精神时代价值的研究已形成了阶段性成果，但对尚武精神内涵和时代意蕴的研究尚缺乏深度，对历史观、民族观、国家观、文化观和修养观视域下的功能作用挖掘还不够，对尚武精神培育理论依据的系统性阐释也还不够。

（3）系统的调研不足。青年尚武精神培育不仅是个理论问题，也

---

① 朱姗娇. 欧洲文学中的骑士精神研究 [J]. 速读，2014（6）：335.

是现实的实践问题，需要进行全面深入的调查，掌握青年尚武精神及其培育的现状。目前一些学者针对青年尚武精神及培育状况开展了相关调查，但是，由于没有建立起尚武精神要素结构模型，因此选取哪些维度编制问卷开展调查未形成基本共识，致使获取的信息较为零碎，难以形成系统性认识。因此，应当在理论阐释、内涵分析、概念辨析的基础上，建构尚武精神要素结构模型，并针对青年特殊群体，选择合适的维度开展调查研究，尽可能全面把握青年尚武精神及培育现状，从而为培育策略研究提供现实依据。

第三节　研究方案与创新

一、研究思路

本书将以"内涵梳理—概念界定—要素构建—现状描述—策略分析"为思路进行研究。

内涵梳理。尚武精神是古今中外普遍存在的一种社会精神现象。本着历史与逻辑相统一的原则，结合已有文献对尚武精神的内涵进行历史考据、系统梳理，探究其流变、内涵、特征与价值。

概念界定。借鉴、参照已有研究成果，结合新时代世情、国情、学情的变化，辨析尚武精神与国防精神、民族精神的关系，界定并阐释尚武精神的新时代意蕴。

要素构建。根据尚武精神的内涵和外延，结合青年群体的特点，运用心理学、教育学、社会学等相关学科理论，建构旨在描述和表征尚武精神要素构成的模型，为培育工作搭建理论参照。

现状描述。结合模型编制相关问卷，在问卷调查的基础上，把握新时代青年尚武精神及其培育的现状，为青年尚武精神培育提供现实依据。

策略分析。结合培育瓶颈和青年群体特点，以相关学科理论和尚武精神培育的实践为指导，提出培育的原则和"认知建构—情感培养—意志培育—行为引导"的路径。

二、研究方法

文献分析法。文献分析是进行学术研究的前提，通过搜集丰富的文献资料，了解研究对象的性质和状况，掌握当前学术界研究现状，从而得出自己的观点。本研究依托尚武精神相关文献，系统梳理了尚武精神培育的理论依据和中华民族尚武精神的历史流变，分析了尚武精神的内涵、特征、价值、功能和新时代意蕴。

历史研究法。历史研究法亦称纵向研究法，是以历史发展为线索，按照时间顺序对过去事件进行研究的方法。其目的是研究事物发生发展的规律，推测研究对象未来的变化趋势。本研究采取历史研究方法对国内外尚武精神产生、变迁及培育方式进行考据。

问卷调查法。综合运用调查问卷、访谈、个案研究等方式，对青年尚武精神及培育现状进行较为全面细致的掌握，并对相关数据运用统计分析软件 SPSS 进行科学分析，而后综合、比较、归纳，得出结论。

跨学科研究法。利用心理学、教育学、思想政治教育学等多学科相关理论，构建尚武精神要素结构模型，编制调查问卷，概括归纳新时代青年尚武精神培育体系，提出培育的原则与路径。

三、研究创新

尚武精神属于价值观念、思维方式、民族性格、道德情操的心理层面。新时代青年尚武精神是尚武精神在青年群体中的集中体现。随着时代的发展，其内涵在新时代继续丰富发展、转化升华。本研究的创新点主要包括以下几方面。

界定了基本范畴。在梳理已有成果和中华民族尚武精神流变，分析尚武精神核心要义和内涵的基础上，对"尚武精神"这一基本范畴做了定义：以爱国主义为核心，以维护国家安全、捍卫国家主权、维系社会正义、强化社会担当、提升个体自立自尊自强意识和意志品质为价值取向，以崇德尚武、见义勇为、坚韧勇敢、自强不息、刚健有为为主要特征的精神。并对该定义做了深入阐释。在此基础上，提出了应当从历史观、民族观、国家观、文化观、修养观五个维度理解和把握尚武精神的功能。这对于学术界在关于尚武精神基本概念的理解问题上形成基本共识有重要价值。

辨析了当代意蕴。如何理解中华民族尚武精神的新时代意蕴，是一个重要的理论与培育实践问题，关涉怎样认识、传承、培育中华民族尚武精神的当代意义和紧迫性。作者在理论与实践、历史与现实分析的基础上提出，尚武精神的新时代意蕴，在国家层面上体现为总体国家安全观关照下的国家安全意识、忧患意识、居安思危意识；在社会层面上体现为社会主义核心价值观关照下的社会稳定意识、公平法治意识，包含维护法治秩序与社会稳定、扬善除恶（与违法犯罪行为做斗争）、见义勇为、维护社会正义等核心内容；在个人层面上体现为建立在社会主义核心价值观、思想道德素质之上的人类命运共同体意识、爱国主义精神、习武尚勇精神、自强不息精神、英雄主义精神、投笔从戎精神等。

构建了要素结构。尚武精神的培育是一个系统性教育实践问题，从思想政治教育视角审视，涉及知、情、意、行多个维度。本研究具体运用思想政治教育过程的一般规律的原理，将尚武精神要素划分为认知要素、情感要素、意志要素和行为（取向）要素，并讨论了四种要素关涉的相关内容，构建出3×4的要素结构矩阵，每个结构要素中选择一个最核心的元素或概念，并分析了外延。本研究还阐述了认知、情感、意志和行为要素之间的关系。这一成果为明确尚武精神的培养目标、培养内容和实现路径提供了较为系统的参照。

探讨了培育策略。在上述研究和问卷调查的基础上，本研究提出了新时代青年尚武精神培育应当坚持的原则和必须遵循的"认知建构—情感培育—意志培养—行为引导"路径，也提出了有实践意义的方式方法。

第二章　尚武精神的流变及时代意蕴

中华民族自古就有崇勇尚武、精忠报国的优良传统，形成了弥足珍贵的尚武精神，成为中华民族精神的重要组成部分。近代以来，中华民族在抵御外侮、实现民族独立和人民解放的历史进程中，尚武精神得以充分地体现和发扬光大。在中国共产党领导下，中华民族的尚武精神继往开来，焕发出新鲜的活力，形成了保家卫国、不怕牺牲、抵御霸权的大无畏的英勇气概，敢于战斗、善于战斗的"亮剑精神"，"求和平、尚义战"的安全观念以及携笔从戎的报国精神。本章沿着历史的脉络，阐述中华民族尚武精神的特性、功能以及当代价值。

第一节　相关概念及关系辨析

一、相关概念

1. "武"

（1）与"文"相对，泛指军事、技击。"武者，兵事也。""夫武，定功戢兵。故止戈为武。"① "武从戈，从止，本意为征伐示威。征伐者必有行。"②

（2）威武、勇武的代名词。先秦时期，社会上出现了"士"阶层，即"武士"。"吾国古代之士，皆武士也。士为低级之贵族，居于国中（即国都中），有统驭平民之权利，亦有执干戈以卫社稷之义务，故谓之'国士'以示其地位之高。"③ 墨家武士掌握技击术，有着无畏的胆量和勇气。中国古代，根据帝王、诸侯等生前事迹及品德，会表彰其一个称号。周武王、魏武帝、汉武帝等都是以赫赫武功著称的帝王，"谥法"中便有了"武"字。

（3）指代军事技艺、军事训练。西周时期尚武风气浓厚，实行辟雍教育，类似于今天的大学教育，设有射宫、泽宫，就是在水泽中射鱼射鸟，在森林中围攻野兽。周朝实行"礼乐射御书数"六艺教育，要求学生掌握六种基本才能。"礼"有大射、乡射；"乐"有《驺虞》《狸首》；"射"即射箭技术，属于"武"的范畴；"御"亦以佐助田猎，皆与射事发生关联。六艺教育虽然表现为礼仪活动或者娱乐性质，实质是为战事进行训练。

（4）特指武术或竞技活动。《管子·七法》记述了当时比武的盛况："春秋角试，以练精锐为右……收天下之豪杰，有天下之骏雄。故举之如飞鸟，动之如雷电，发之如风雨。莫当其前，莫害其后，独出独入，莫敢禁困。"④

随着时代发展，"武"的内容进一步丰富，武术、体育都蕴含其

---

① 陈才俊. 说文解字精粹 [M]. 北京：海潮出版社，2014：268.
② 余省吾. 甲骨文字话林：第1册 [M]. 北京：中华书局. 1990：867.
③ 顾颉刚. 史林杂识初编 [M]. 北京：中华书局，1963：85.
④ 杨茂义. 中国古代家庭教育简论 [M]. 北京：北京理工大学出版社，2009：48.

中。近代，尚武精神回归，当时社会推崇国术，包含武术、球类运动、棋类运动及田径项目等。

2. 尚武

"尚"有尊崇、注重的意思。"尚武"可以狭义地理解为崇尚军事和技击等。尚武意识有着深刻的社会与军事等根源。从社会层面来讲，原始社会由于生存资源的匮乏，人类出于生存的需要，必须通过武力争夺资源或者抵御外来侵扰。从军事角度来讲，无论是征伐还是抵御外族入侵，国家都需要强大的军事力量，社会层面则以全民武备相支撑。

中华民族的"尚武"以"尚和"为旨归。墨家主张"非攻"，反对一切侵略战争，而对于霸道不义和恃强凌弱等非正义行为则力主以武力相抗，其目标指向"尚和"。《淮南子·泰族训》记载："墨子服役者百八十人，皆可使赴火蹈刃，死不旋踵。"墨家重视军事才能的培养，把"善射御之士"列为诸贤之首。墨家对文武的功能有着精辟的分析，认为一个诸侯国家应把奖励习武列为国家的法令，"凡我国能射御之士，我将赏贵之，不能射御之士，我将罪贱之"。

中华民族的"尚武"是"尚忠"的彰显。忠诚是我国传统文化所推崇的基本道德范畴。"天下至德，莫大乎忠。"《忠经》提及："忠者，中也，至公无私。忠也者，一其心之谓矣。"忠，是人对天地、真理、信仰、职守、国家及他人等都至公无私，始终如一，尽心竭力地负责完成分内义务的美德。① 岳飞爱国卫国、精忠报国、大义凛然，尽忠南宋，是封建社会古人所倡导的"君使臣以礼，臣事君以忠"的典范；中国共产党人坚定对马克思主义的信仰，对共产主义和社会主义的信念，对党和人民的忠诚，是党员、干部遵循章程、自觉为民的情怀。

① 何天华. 至德莫大于忠［J］. 社会主义论坛，2018（10）：59.

中华民族的"尚武"以"尚义"为准则。古代社会认为"君子战虽有阵而勇为本焉"。武勇是战斗的基本素质,社会普遍流行尚武。在几千年的历史进程中,中国人一直尚武。人们心目中最崇拜的人物既有仁智合一的圣贤,也有勇力过人、侠肝义胆的"好汉"。除"仁"之外,由墨家思想演变而来的"侠义"精神被视为道德标准。"文者谓之'儒',武者谓之'侠',儒重名誉,侠重义气。""路见不平,拔刀相助",《韩非子》中"侠以武犯禁"即为墨家子弟的信义武勇和慷慨赴死精神的写照。

中华民族"尚武"与"尚文"协同共进。《论衡·非韩》中提及:"治国之道所养有二,一曰养德,二曰养力。养德者,养名高之人,以示能敬贤;养力者,养气力之士,以明能用兵。此所谓文武能设,德力俱足者也。事或可以德怀,或可以力摧。外以德自立,内以力自备,……夫德不可独任以治国,力不可直任以御敌也。"在对"武"的重要功能有了深刻认识之后,进一步提出文武并重,崇文尚武。《魏书·高祖纪下》有记载:"国家虽崇文以怀九服,修武以宁八荒,然于习武之方,犹为未尽。"

3. 尚武精神

在中华民族几千年来的历史发展中,崇尚勇武意识逐渐积淀,形成了尚武精神。梁启超提出"吾所谓武,精神也"。[①] "尚武精神"一词明确提出是在近代。1919 年孙中山为上海精武体育会创办的《精武本纪》会刊作序,题字"尚武精神"并概括了"尚武精神"的重要价值,"盖以振起从来体育之技击术为务,于强种保国有莫大之关系"。

尚武精神与武术的发展息息相关,是中华民族精神的重要元素和传

---

① 张品兴. 梁启超全集:第 3 卷 [M]. 北京:北京出版社,1999:712.

统美德，随历史的发展而世代流传。① 中国武术之所以具有强大的生命力，除了因为它具有体育、军事等方面的价值外，更重要的是在于武术的精神价值。中华武术传承着中华民族刚强不屈、不畏强暴和勇于牺牲的优良品质。尚武精神本质既是一种精神品质，也是一种价值选择。

尚武精神的本质是完善自我、超越自我，在此基础上衍生出更多能够彰显社会价值的重要元素，比如担当精神、奉献精神等。"利于国者爱之，害于国者恶之"所阐释的便是敢于担当的精神。"忧国忘家，捐躯济难，忠臣之志也""位卑未敢忘忧国""先天下之忧而忧，后天下之乐而乐""有益国家之事虽死弗避""捐躯赴国难，视死忽如归"所透射的也是这种敢于担当，敢于挺身而出的民族气节。这种担当精神实质就是"关心国家、关心人民、关心世界，学会担当社会责任"② 的精神体现。

尚武精神的核心要素是崇武尚勇、崇德尚和。中国自古以来就推崇"勇者无惧"的尚武精神，表现为个人面对困难、困境、挫折、挑战时的血性与斗争精神。"诚欲养尚武之精神，则不可不具备三力，即心力、胆力和体力。"③ 心力，即不畏艰险、不惧失败的勇气和一往无前、直奔目标的志气。尚武精神亦是良好道德品质的充分展现。"武德润身""以武观德"，反映了中华民族尚武精神的尚德传统。道德提升是中华武术对人的基本要求。"习武先习德""尚德不尚力"等格言，就是中国尚德理念在武术文化中的体现。

江泽民在同北京大学学生座谈时曾谈到，中华民族具有团结一心、

---

① 温力. 武术与武术文化 [M]. 北京：人民教育出版社，2009：45.
② 中共中央文献研究室. 习近平谈治国理政 [M]. 北京：外文出版社，2014：172.
③ 梁启超. 新民说：论尚武 [M]. //国家体委文史工作委员会，全国体总文史资料编审委员会. 中国近代体育文选. 北京：人民体育出版社，1990：11.

艰苦奋斗、不屈服外侮的光荣传统。① 习近平总书记在中央党校建校 80 周年庆祝大会暨 2013 年春季学期开学典礼上的讲话提及的"先天下之忧而忧，后天下之乐而乐"的政治抱负，"位卑未敢忘忧国""苟利国家生死以，岂因祸福避趋之"的报国情怀，"富贵不能淫，贫贱不能移，威武不能屈"的浩然正气，"人生自古谁无死，留取丹心照汗青""鞠躬尽瘁，死而后已"的献身精神等②都是中华民族尚武精神的生动写照。

综上所述，尚武精神有着极其深刻的内涵和丰富的外延意蕴。本研究认为尚武精神是以爱国主义为核心，以维护国家安全、捍卫国家主权、维系社会正义为目的，以强化个体社会担当、提升自立自强意识和意志品质为价值取向，以崇德尚武、见义勇为、坚韧勇敢、自强不息、刚健有为为主要特征的精神。

尚武精神以爱国主义为核心，从质性上是一种有益于促进人类社会发展的、积极向上的意识形态。尚武精神内蕴着个人或集体对国家的历史认同和文化认同，充溢着为实现国家独立富强而献身的强烈情感，是民族自豪感和民族自信心的精神呈现，是关涉民族统一和国家命运的重要因素。尚武精神有别于不尊重别国独立平等地位、强加本国意志于他国、粗暴干涉他国内政、侵犯别国利益主权的大国沙文主义，有别于只有强者才能生存、弱者只能遭受灭亡命运的社会达尔文主义，有别于用暴力手段残害屠杀其他种族人群、剥夺其他民族人民生存权、摧毁非我族类文化的极端民族主义，有别于将穷兵黩武和侵略扩张作为立国之

---

① 共青团中央，中共中央文献研究室. 毛泽东邓小平江泽民论青少年和青少年工作［M］. 北京：中国青年出版社，2011：88.
② 习近平. 习近平谈治国理政［M］. 北京：外文出版社，2014：405.

本，使政治、经济、文化、教育等各方面服务于扩军备战及对外战争的军国主义，有别于否定他国历史、民族文化、民族传统、民族精神及人类社会历史发展过程的虚无主义。

尚武精神以维护国家安全、捍卫国家主权、维系社会正义为目的。国家安全是国家的基本利益，是国家没有外部威胁和侵害、没有内部混乱和疾患的客观状态。① 国家主权是一个国家固有的在国内的最高权力、在国际上的独立自主权利。社会正义是维护社会良好秩序的行为或原则。尚武精神有别于粗暴践踏他国国家主权和无理干涉他国内政等国际关系准则的行径，有别于消解他国主权、维护自身利益和世界霸权的险恶用心，有别于传统社会替天行道、杀富济贫的精神追求和行为举动。尚武精神倡导和追求的是人类社会法治基础之上的公平正义，是一种深刻而宽广的勇士情怀，是每位中华儿女义无反顾、为祖国和民族而战的正义担当。

尚武精神以强化个体社会担当、提升自立自强意识和意志品质为价值取向，倡导个体"敢于迎难而上，敢于挺身而出，敢于承担责任，敢于坚决斗争"②；倡导个体坚持操守，不受外界的影响，不依赖别人，不安于现状，勤奋进取，依靠个人努力不断向上，努力实现预期目标的锐气与血性。尚武精神是提升个人品质、涵养个人道德人格、塑造民族性格的道德源泉，而非引导个体争做重江湖义气的绿林好汉，更非倡导称王称霸、恃强凌弱、任意杀伤、奴役他人的品性。

尚武精神以崇德尚武、见义勇为、坚韧勇敢、自强不息、刚健有为为主要特征，倡导推崇道德修养、遵守社会公德、强身健体、勇于面对

---

① 刘跃进. 国家安全学 [M]. 北京：中国政法大学出版社，2004：53.

② 在常学常新中加强理论修养，在知行合一中主动担当作为 [N]. 人民日报，2019-03-02 (1).

现实的竞争意识，倡导积极向上、勇于担当、有所作为，在为国家、民族、社会做出贡献时实现自身价值和社会价值的统一。尚武精神区别于以战胜、占有为终极目的的武力暴力，也与某些个体或群体中表现出的唯唯诺诺、猥琐、精神萎靡现象截然不同。

二、关系辨析

尚武精神与武术精神、国防精神、民族精神、体育精神在心性养成、精神内核上具有一致性；在伦理道德养成方面又具有差异性；在探微究理层面具有互补性。

1. 与武术精神的关系

武术是尚武精神形成和发挥作用的重要载体之一。武术精神是习武之人在习武过程中形成的思想观念、价值信念、性格与心理。有学者从内涵、表现、实质、作用对武术精神进行了描述。谷晓红认为，武术精神不仅是一种尚武精神，更是一种包含了多方面内容的强健的精神。[①]李斌认为，武术精神是受深层的不衰的中华民族精神影响的、合乎任何武术派别又超之于上的中华武术内在的规律和法则。[②]唐军认为，武术精神通过个人武德修养、集体道德观念和爱国主义精神三个层面展示。[③]冯锦华认为，中华武术的精神实质在于制止格斗，以人格魅力赢得最终胜利。[④]孙光芹提出，武术精神是武术运动中蕴含的某种价值意

---

① 谷晓红. 武术精神的演进与发展 [J]. 广东石油化工学院学报，2012，22（2）：80-84.
② 李斌. 试论武术精神及其对民族精神的塑造 [J]. 搏击·武术科学（学术版），2005（5）：24-25+59.
③ 唐军. 论武术教学中宣扬武术精神与弘扬伟大的民族精神和时代精神 [J]. 中国科教创新导刊，2007（12）：134.
④ 冯锦华. 解析李连杰系列电影对中华武术精神的阐述 [J]. 电影文学，2012（3）：53-54.

向，着重于探索天与人、主与客、自然与社会之间的关系。① 何明辉等认为，武术精神的作用依次是塑造爱国主义精神、独立人格精神、中华民族兼容精神。②

武术被纳入中华传统文化的范畴，足以说明它不只是一种技术或技艺，更是一种态度、心境和对人生价值的探求。习武者若能自觉遵循传统伦理道德规范，具备高尚的品德素质，就会做到与人为善、淳厚处世，不恃武逞强，不欺凌弱小。因此，武术精神与尚武精神有共同的内涵，如爱国守正、崇德尚武、扬善弃恶等。两者也有区别，尚武精神中的"武"不仅仅指武术，还包括其他体育运动、强军举措或行动等；尚武精神外延更大，关涉勇于担当、刚健有为、自强不息的品质；二者的精神主体不完全一致，武术精神有特定的精神主体，如习武之人，而尚武精神的主体可以涵盖中华民族每一位具有社会正义感、责任感的个体。

2. 与国防精神的关系

国防精神是指适应国防建设和斗争需要而倡导和产生的，以维护民族和国家利益为标志的群体意识、思维活动和一般心理状态。③ 国防精神是一种群体意识，旨在维护某一民族或某一国家或某一群体的利益，是以爱国主义为核心，其他内容均服务服从于这一核心。国防精神是个体自觉维护国家安全的民族意识。胡锦涛同志在《呼唤民族之魂——

---

① 孙光芹. 实施《学生体质健康标准》对云南省青年的作用研究 [C].//中国大学生田径协会. 第十七届全国高校田径科研论文报告会论文专辑. 昆明：云南师范大学出版社，2007：4.

② 何明辉，胡祖荣，郁庆定. 普通高校武术课对学生民族精神培养效果的研究 [J]. 科技广场，2007（10）：202-204.

③ 黄朝文，陈智旭. 青年军事理论教程新编 [M]. 广州：世界图书出版广东有限公司，2012（11）：25.

〈国防教育概论〉序》中提出："时代在呼唤民族之魂。国防意识、国防精神是民族之魂的核心。振奋和培养民族精神，首先要培养全民的国防意识和国防精神。"① 国防精神是一种社会意识，产生于人类长期的国防实践活动中。"御敌图存，尚武卫国"和"天下兴亡，匹夫有责"就是中华民族早期的国防精神的体现。国防精神是一种思维方式和心理状态。孙继峰把国防精神定义为"国家及其成员在国防实践中形成的与国防需要相适应的维护国家安全、保障国家稳定、促进国家发展的意识思维和心理状态的总概括"，体现为国防观念、国防思想、国防意志等复杂的心理活动。② 文星将国防精神阐释为爱国主义精神、尚武精神、革命英雄主义精神和国际主义精神的综合体。③

国防精神与尚武精神有着共同的核心，其精髓又是相通、相一致的，即爱国主义。爱国主义是一个国家和民族的精神支柱，具有一种伟大的凝聚力和向心力，既可在军事上转化为强大的战斗力，又可在经济上转化为巨大的生产力。④ 二者相比，国防精神较尚武精神更具体、更微观，是尚武精神在国防建设领域的具体体现。

3. 与民族精神的关系

党的十六大报告指出，中华民族精神是以爱国主义为核心的团结统一、爱好和平、勤劳勇敢、自强不息的伟大民族精神。民族精神是在民族形成和发展过程中形成的、被全体民族成员认同和追求的习俗、信仰、价值观念等，是维系一个民族生存与发展的强大精神动力。马克思主义认为，民族精神是"民族自觉和民族解放的必要精神条件"。江泽

---

① 李道静. 呼唤民族之魂［M］. 贵阳：贵州人民出版社，1988：8.
② 孙继峰. 长城：国防精神的载体和图腾［J］. 军事历史，2011（3）：15-17.
③ 文星. 国防精神尚武精神［J］. 国防，2004（2）：57.
④ 严薇. 青年军事理论［M］. 广州：华南理工大学出版社，2012：5.

民提出，"民族精神是一个民族赖以生存和发展的精神支撑"①。尚武精神是在社会生活实践中形成的，被个体认同和追求的价值取向，是社会发展不可缺少的精神力量。民族精神也是在民族形成和发展过程中形成的、被民族成员认同和追求的价值观念。二者在精神实质方面存在共性。尚武精神也是支撑一个民族崛起的重要精神品质。二者的功能是相似的。

从内容来看，尚武精神主要指民众刚健有为、勇敢勇武的意志品质，倡导个人应该具备的优秀品质和外在行为，但内容和层次上的丰富程度均不及民族精神。正如张岱年所言："中华民族的民族精神的核心内容是自强不息、厚德载物，自强不息即刚健的精神，厚德载物即宽容精神。"② 尚武精神是民族精神的组成部分，是"天行健"的最佳注释。综上，尚武精神与民族精神的关系是部分与整体的关系，二者既有联系又有区别。尚武精神是民族精神的有机组成部分，不能脱离民族精神而单独存在，尚武精神能否彰显影响着民族精神作用的发挥。

第二节 中华民族尚武精神历史流变

中华民族的尚武意识由来已久，在神话故事和传说中已有体现。比如盘古开天辟地、夸父逐日等神话都反映了先人崇尚力量和勇武、赞扬勇敢和冒险的精神。中华民族尚武精神从萌芽到兴盛，从衰落到回归，

---

① 江泽民. 全面建设小康社会开创中国特色社会主义事业新局面 [N]. 人民日报，2002-11-08 (1).

② 张岱年. 文化与哲学 [M]. 北京：中国人民大学出版社，2006：17.

带有鲜明的历史特征。概括地说，中华民族的尚武精神在远古的部落归并战争中萌生；在春秋的争霸战争中奠定；在战国的统一战争中隆盛；在自秦汉以来的封建社会中，尚武精神几经衰落，间有复兴，呈现出一种"世盛则衰，邦危则兴"的"波浪式"发展轨迹。①

一、先秦萌芽与正式形成

自人类社会形成以来，中华民族就在"以力相争"的漫长部落竞争中形成了尚武意识。进入阶级社会以后，统治者将武力、征伐视为生存的保证，他们对内镇压奴隶反抗，对外征服其他部落和边远地区。整个社会已经意识到武力的重要性，尚武意识与行为逐步巩固。

春秋战国时期，社会基本经济制度不断变革，社会政治、军事领域也随之发生很大变化，"天子独尊、宗族并列"的政治体制瓦解。诸侯争霸、群雄并起，武力成为维护国家安全的重要工具，崇武尚勇在各国蔚然成风。整个社会从上至下都以习武作战为荣事，习武、尚武的风气极为浓厚。春秋战国时代，华夏大地充满着雄奇壮烈、阳刚向上的社会氛围，充满着争于战功、贵以赴死的勇武和牺牲精神。② 即使是吴越地区（今江浙及上海地区），也形成了尚武的氛围。根据史料记载，那时不论男女，皆以高大健硕为美；当时的贵族，都下马能文，上马能武，侠客遍地，武士行游。

秦孝公支持商鞅变法，颁布按军功赏赐的二十等爵制度，激励士兵斗志激昂，嗜血好杀。按照军功实行相应奖励，极大地提高了士兵的战斗力，秦国塑造了一支强大的军队，一度发展成为战国后期最强大的国

---

① 邵先军. 近代中国海防爱国主义研究 [M]. 济南：山东大学出版社，2013 (8)：88.
② 郭凤海. 激扬勇士雄风：论中华民族的尚武精神 [N]. 解放军报，2015-05-21.

家，为秦统一六国奠定了军事基础。秦国通过制度将尚武精神培育上升成为国家意志，强化了军事实力，被称为"虎狼之国"。

儒、墨、道、法等诸子百家都特别关心和深刻思考战争活动，他们从各自的立场出发，围绕诸如"礼制""法制""王道""霸道""合纵""连横"等议题，深刻阐述了大量有较高理论层次的军事思想，这些可认为是对社会尚武意识的归纳和总结。统治者也非常注重国民尚武精神的培养，从制度设计层面重视培育勇武之士，制定了军功爵制，用爵禄与赏赐来鼓励民众从事战争或武力。

先秦社会从平民中分化出来了有勇力和武艺的"士"群体，他们"平时肆力于耕耘，有事则执干戈以卫社稷"①。后来他们慢慢从平民中分化出来，不再从事耕田，而发展成为特殊的职业群体——武士。

二、秦汉发展与盛唐高峰

秦朝实行极端的崇尚武力政策，提倡重农重战，以武立国，以武育人，军队数量大增。通过严苛的惩罚制度和一定的奖励措施，秦朝尚武精神得到了进一步发展。秦朝实行普遍征兵制度，凡成年男子都必须依秦律承担当兵的义务。秦时规定，男子到 17 岁，均须亲自到乡政权机构登记注册，如有逃避者，要受惩罚。

秦朝延续了商鞅变法以来实行的按军功授爵制度，取消宗室贵族所享有的世袭特权。军功成为接受爵禄赏赐的最必要条件。凡立有军功者，不问出身门第、阶级和阶层，都可以享受爵禄。宗室贵族，只有在战场上立下功劳，有军功战绩，才能够重配爵序，列籍贵族；平民百姓，只要有军功战绩，不管出身贵贱，都可以根据杀敌多少，获得相称

---

① 管萍. 墨家思想对武"士"阶层演变的影响 [J]. 沧桑，2007（6）：13-14.

的爵位，获得人口和土地。

汉唐是尚武精神的繁荣时期。先秦时期的尚武传统得以延续，尚武之风更加浓厚，政府军事力量强盛，"犯我强汉者虽远必诛"。汉朝在与匈奴130年的长期对垒中，民间尚武精神进一步被激发和强化，"匈奴未灭，何以家为"？全国上下锐意进取，同仇敌忾抵御外族入侵。社会尚武风气十分浓厚，上至帝王大臣，下至平民百姓，都以佩剑、佩刀为荣，民俗讲武习练，尚鞍马骑射，体育活动种类也多。同时，汉朝"罢黜百家，独尊儒术"，在儒家"文武并重"理论的影响下，汉代王侯将相皆具备能文能武的能力。汉武帝时期，大兴武事，出现了如卫青、霍去病、窦固等军事英雄。

唐代流行"尚侠崇勇"的尚武风气，尚武精神发展至又一高峰。当时统治者采取兵农合一的府兵制。① 府兵平时为耕种土地的农民，农隙训练，战时从军打仗，使民间习武形成风尚。武举制的创立，主要选拔将才，使武人仕进有途而尚武，激发了更多人的习武热情，对彼时尚武任侠之风盛行有很大的推动作用。② 唐统治者吸取了隋亡的教训，居安思危，同时为抵御外患，招徕武勇人才。

《史记》专门记有《游侠列传》。文人儒士也大都崇文尚武，出入佩剑，例李白"十五好剑术，击剑为任侠"，杜甫亦曾抒发"拔剑欲与龙虎斗"的气概，甚至推崇出世之道的佛家也不乏"断臂求法""为法忘躯"的大德高僧。正是全民尚武，整个社会锐意进取，成为汉唐强盛的精神基础。这一阶段，尚武精神的功能尤其是育人教化功能、提升社会风气功能被人们认可。整个社会风气在尚武精神的影响下，国力、

---

① 汪聚应. 唐代任侠风气的社会文化成因 [J]. 天水师范学院学报，2004（6）：8-13.
② 王庆贤，东芬. 大学体育新教程 [M]. 苏州：苏州大学出版社，2015：257.

军力十分强盛，疆域扩大，为版图形成奠定了基础。

三、宋明清式微衰落

自宋代开始，尚武精神日渐式微，逐渐走向衰落。唐末藩镇割据，五代十国征伐不已。北宋建立以来，实行重文轻武国策，在政治制度设计上，重经济轻武备，崇文官而抑武将。同时，儒家"文治"理论得到进一步巩固，致使尚武精神失去了原先存在的思想基础。另外，这一时期士大夫社会风气形成，在文化上，文人不再佩剑，女人开始流行"裹小脚"，男人不再以立功疆场为荣，而是沉醉在书牍文案和诗词歌赋之中。宋朝民间流行"做人莫做军，做铁莫做针"的俗语。

宋朝偏安心理衍生出"因循姑息"，导致现实中的精神懈怠，统治者和普通百姓因贪于安逸而变得懦弱、懒惰。南宋内外交困，在人口、兵员、财富和火炮技术都占有绝对优势的情况下，竟不堪一击，始败于辽，后败于金，终亡于元。

及至明清，尚武精神总体而言更加萎靡，国民性格总体偏向麻木懦弱。清朝在其建立初期有过短暂的尚武精神复兴。但是这种复兴仅仅流行在统治阶层。努尔哈赤创建了兵民合一的八旗制度，骑射更成为每个旗民的必修之课。这种尚武制度为清王朝造就了成千上万能骑善射的将士。这些将士是努尔哈赤和皇太极创建清王朝的关键。骑射尚武，被清朝统治者奉为"满洲根本""先正遗风"。随着统治的稳定，统治阶级做着天朝上国的美梦，忽略了尚武精神的持续培育，尚武精神的泯灭使军队丧失斗志。日本人副岛种臣说："谓中国海军之可虑，则实不足以知中国也。盖中国之积习，往往有可行之法，而绝无行法之人；有绝妙之言，而绝无践言之事。"① 整个社会"重文轻武之习既成，于是武事废坠，民气柔靡……奄奄如病夫，冉冉如弱女，温温如菩萨，敢敢如驯羊"②。鸦片战争前，中国经济总量占世界的 1/3，虽然物质实力远在他国之上，但尚武精神失落，武备废弛，统治者面对入侵，毫无斗志、委曲求全、息事宁人、饱受欺凌。鸦片战争中，数十万军队竟被数千英军击败，清政府被迫割地赔款，国家很快陷入半殖民地半封建的深渊。

四、近代复兴

鸦片战争后，中国备受欺凌。梁启超在《论尚武》中认为，中国尚武精神之流失、文弱怯懦之病源于四端："国势之一统""儒教之流失""霸者之摧荡""习俗之污染"；张之洞在《劝学篇》中认为："历朝一统，外无强邻，积文成虚，积虚成弱"；蔡锷在《军国民篇》中，将其原因归为教育、学派、文学、风俗、体魄、武器、郑声、国势八个方面。③

一些仁人志士认为，改变孱弱柔顺的民风，重塑强悍的民族精神才是保持民族尊严的根本，由此尚武精神重新被人们重视。孙中山积极倡导尚武精神，号召"使四万万同胞均有尚武之精神，使中华民国富武力之保障"④。孙中山将武术视为"强种保国"的重要手段，强调体育关系到国力的强弱和民族的盛衰，将尚武精神视为救国的一种手段，是"于强种保国有莫大之关系"。孙中山指出："处竞争剧烈之时代，不知

---

① 江柳依. 抓落实，一肩担子挑到底［N］. 人民日报，2015-01-26（4）.
② 梁启超. 饮冰室合集：专集第 4 册［M］. 北京：中华书局，1989（3）：136.
③ 邵先军. 近代中国海防爱国主义研究［M］. 济南：山东大学出版社，2013（8）：88.
④ 中国社会科学院近代史研究所中华民国史研究室，中山大学历史系孙中山研究室，广东省社会科学院历史研究室. 孙中山全集：第 2 卷［M］. 北京：中华书局，1982：536.

求自卫之道，则不适于生存。且吾观近代战争之起，恒以弱国为问题。倘以平和之民族，善于自卫，则斯世初无弱肉强食之说，而自国之问题不待他人之解决。"① 孙中山认识到国家和人民需要掌握自卫强盛之道，即尚武精神，其价值在于强种保国，亦能强健人民体魄，实现国强民强，维持民族延续。孙中山把历史上流传的传统武术等技艺推崇为"国术"，以"武"救国，赋予"武"更多含义与更高境界，"尚有强国、救国、奋斗之意存乎其间"。

孙中山批判了中国"重文轻武"的风气："中国数千年来，以文为尚，上自帝王，下逮黎庶，乃至山贼海盗，无不羡仰文艺。其弊也，乃至以能文为万能。多数才俊之士，废弃百艺，惟文是务。此国势所以弱，而民事所以不进也。"② 孙中山把近代中国备受列强欺凌的原因归结于"武备缺乏、文弱不振，遂划分其土地，各占一势力范围"。孙中山把革命当作"吾人今日保身家性命之唯一法门"，"中国今日何以必需乎革命？因中国今日已为满洲人所据，而满清之政治腐败已极，遂至中国之国势亦危险已极，瓜分之祸已岌岌不可终日，非革命无以救重亡，非革命无以图光复也"。③

尚武精神是立国之本，"尚武者国民之元气，国家所恃以成立，而文明所赖以维持者也"④。在日本期间，梁启超考察了日本的武士道精神，他感受到与崇尚武士道精神的日本人相比，中国之所以被列强欺负，主要是因为中国人丧失了尚武的精神。梁启超撰写了《中国武士道》，呼吁中华民族倡导尚武，向外介绍中国自春秋到汉初七十余位武

① 黄彦. 孙文选集：中册 [M]. 广州：广东人民出版社，2006：649.
② 中国社会科学院近代史研究所中华民国史研究室，中山大学历史系孙中山研究室，广东省社会科学院历史研究室. 孙中山全集：第4卷 [M]. 北京：中华书局，1985：332.
③ 孟庆鹏. 孙中山文集：上 [M]. 北京：团结出版社，2016：10.
④ 张品兴. 梁启超全集：第3卷 [M]. 北京：北京出版社，1999：709.

士的事迹，以宣扬中国人自古不但尚武，而且更比日本的武士道讲武德。

陈独秀主张兽性主义与人性主义并重。"强大之族，人性兽性同时发展。其他或仅保兽性，或独尊人性而兽性全失，皆是衰弱之民也。兽性之特长为何？曰信赖本能，不依他为活也；曰顺性率真，不饰伪自文也。"① 陈独秀推崇尚武精神的观点也为不少人接受，警示了时局动荡中民风懦弱、缺乏斗志、麻木沉睡的国人，促进了军国民主义思潮的兴起。

蔡元培致力于推动军国民思想的发展。他主张"强兵富国"，坚决批判清朝颁布的《钦定学堂章程》，改其教育宗旨"忠君、尊礼、尚公、尚武、尚实"为"军国民教育、实利主义、公民道德、世界观、美育"。1912 年，蔡元培在《对于教育方针之意见》一文中阐释了其对军国民主义的深刻认识，"譬之人身，军国民主义者，筋骨也，用以自卫"，诸如"六艺之射御，军国民主义也""尚武，军国民主义也""兵式体操，军国民主义也""普通体操，则兼美育与军国民主义二者""希腊人之教育为体操与美术，即军国民主义与美育也"等。②

这一时期在"振兴武术，国术救国"的尚武思想指导下，武术担负起了维护民族尊严、捍卫国家主权、唤醒民众自信力的重任，标志着尚武精神的回归，并且在外来强敌刺激下愈加强劲搏动——广大民众自发地反侵略武装斗争，仁人志士捐躯赴国难的喋血奋斗。宣扬武术，实质是提升自强精神、民族精神，推崇"人人习武，强国强种"，最终达到尚武强身、强国强种、抵御外侮的目的。但是，这一时期是从狭义上

---

① 旷文楠，等. 中国武术文化概论 [M]. 成都：四川教育出版社，1990：218.
② 蔡元培. 对于教育方针之意见 [J]. 东方杂志，1912 (4).

理解"武"，过于强调武术的地位和作用，将其作为国术。简单化地理解尚武精神，忽略了尚武精神其他方面的内涵，致弘扬尚武精神步入了误区。

五、现当代振兴

加强军事国防建设是尚武精神振兴的主要标志。新中国成立后相当长一段时期，中国人民尚武拥军氛围十分浓厚，普遍具有强烈的忧患意识、国防观念。全国上下都积极支持并参与国防建设，适龄青年都踊跃参军，以报效祖国为荣。抗美援朝充分展示了中国人民维护世界和平的坚定决心、不畏强暴的钢铁意志、万众一心的顽强品格、敢打必胜的血性铁骨。新时代，在习近平强军思想的指引下，我国国防科技和武器装备建设实现了由跟跑并跑向并跑领跑的巨大转变，有效维护了国家主权、安全、发展利益。提振国威军威，增强中华民族自信心、自豪感的壮举数不胜数，在技术领域，如航空母舰出坞下水、歼-20列装部队、北斗卫星工程等实现重大突破；在军事领域，南海钓鱼岛维权常态巡航、东海划设防空识别区、参与国际维和、实施海外护航撤侨、建立吉布提海外保障基地等。

增强居安思危意识是尚武精神振兴的重要旨归。面对新时代的各种风险和挑战，为维护和塑造国家安全，以习近平同志为核心的党中央把握历史主动，立足时代要求，站在民族复兴的高度，适时提出了"总体国家安全观"，领导中国共产党人和中国人民在构建富有中国特色的国家安全价值观念、工作思路与机制路径等方面进行了创新性探索，构建了防范、化解重大风险的科学路径，回答了如何维护和塑造国家安全的一系列基本问题，有效塑造了中国的国家安全环境，为中华民族伟大复兴构筑了更为坚固的安全屏障。

加快法治建设进程是尚武精神振兴的重要体现。中国在 2014 年通过立法增设了 3 个国家级纪念日：9 月 3 日设为中国人民抗日战争胜利纪念日，9 月 30 日设为中国烈士纪念日，12 月 13 日设为南京大屠杀死难者国家公祭日。2018 年 4 月 27 日，习近平签署主席令，公布了《中华人民共和国英雄烈士保护法》，自 5 月 1 日起正式施行，以此加强对中华民族红色经典和英雄烈士合法权益的司法保护，依法惩处亵渎英雄烈士形象等违法犯罪行为。为维护军人军属合法权益，中国政府 2018 年组建退役军人管理保障机构，致力于让军人成为全社会尊崇的职业。

融入党的精神谱系是尚武精神振兴的重要途径。中国共产党在领导中国革命和建设过程中，培育了许多优良的革命传统精神，塑造了以伟大建党精神为源头的精神谱系，如革命时期的井冈山精神、延安精神、抗日精神，建设时期的抗美援朝精神、"两弹一星"精神、大庆精神（铁人精神），改革开放时期的特区精神、抗洪精神、抗击非典精神、抗震救灾精神，新时代的脱贫攻坚精神、抗疫精神、"三牛"精神等。这是由苦难辉煌铸就的精神丰碑，更是迈向未来、勇毅前行的精神财富，已深深融入党的灵魂、民族的血脉、人民的精神世界。中国革命文化与中华优秀传统文化的传承性和贯通性，决定了中国共产党人精神谱系与尚武精神的共同价值取向，因此，中国共产党人是中华民族尚武精神的传承者、实践者和推动者，中国共产党人精神谱系是尚武精神在立党、兴党和强党进程中的具体体现。

第三节　尚武精神特征

尚武精神作为一种特殊的社会意识现象，具有鲜明的时代性、民族性、实践性特征，它与特定的生产力水平、生产关系状况、文化传统，特别是时代任务密切相关。

一、时代性特征

社会存在决定社会意识。尚武精神的内涵不是凝固不变的，而是随着时代的发展而不断丰富的。尚武精神是特定历史时代的社会意识产物，必然要被打上特定时代的烙印。尚武精神的时代性，是指尚武精神在历史性的形成演化中所体现出的阶段性、时间性、目的性特征，这是尚武精神与时俱进的根本属性。其一，尚武精神的兴衰彰显特定时代的要求。尚武精神生成、发展于特定的社会历史条件下，与一定时代的政治、经济、文化紧密相连，反映了特定时期民族发展的历史使命和国家民众群体的精神状态。其二，尚武精神能够主动发展以适应时代诉求。尚武精神是一个民族共同的价值追求、精神气质，是一个民族发展进步的精神力量。为了契合新的时代使命与任务，该民族就要遵循新的时代特征与规律，主动积极适时地通过"创造性转化、创新性发展"来获得丰富发展，实现其与新的时代精神的结合。在和平与发展的时代背景下，我国正致力于实现伟大复兴的中国梦，尚武精神的内涵禀赋也正在与时俱进地发生变化，其价值在国家、社会和个人层面也日益彰显。尚武精神作为中华民族精神的重要组成部分，自然也就演变成社会主义精神文明建设的重要内容，为社会主义核心价值观的基本要求所规约。

二、民族性特征

不同的民族，为了本民族的生存和发展，特别是民族的安全保障，总会鼓励和引导其成员强身健体、练兵习武、锻炼意志、坚强斗志。但是不同民族在历史发展中，对"武""尚武"有着不同的理解，因此，尚武精神带有鲜明的民族色彩。其一，民族文化基因决定了尚武精神的民族性。尚武的具体形式和内容带有民族文化的基因，必然要受到本民族特定的思想观念、道德标准和价值观的支配，受本民族特定的社会生产结构、道德伦理标准和文化的制约，离不开本民族生产和生活方式及民族文化的土壤。对中华民族而言，尚武精神"崇德""循道""尚礼"，具有以德服人、以武止武、以战止战、和谐为上、协和万邦、和合大同等追求和平的内容。这些内容是中华民族的核心精神、人文传统和传统美德的重要元素，体现了中华民族独有的精神特质。其二，文化自信理念引领了尚武精神的民族性。实现中华民族伟大复兴是近代以来中华民族的恒定主题。尚武精神作为当下文化建设的重要内容，关涉中华优秀传统文化的弘扬、革命文化的传承、社会主义先进文化的拓展，是提升中国文化软实力，促进世界进步、人类社会发展的关键要素。尚武精神与民族精神的前途命运紧紧地结合在一起，凝聚起全体海内外中华儿女为了"中国梦"这个共同的目标而不断拼搏奋斗、接续奋斗和团结奋斗。

三、实践性特征

尚武精神的实践性主要体现在一个民族对"野蛮体魄"的追求、

对坚强意志的锻炼、对民族安全的忧患、对尚武力量的建设、对尚武行为的激励、对社会和平的执着、对自强不息的追求等。只有在培育和弘扬尚武精神的实践中，一个民族的普遍素质才能真正形成。尚武精神也只有融为民族每个成员的内在修养、行动自觉和信仰，并真正应用于社会实践中，才能发挥其应有的作用。尚武精神不是靠口号喊出来的，也不是著书立说论证出来的，而是"撸起袖子加油干""勤学、虔信、时习、笃行"出来的。推崇尚武精神，是为实践尚武行为，进而化为尚武力量。尚武精神的实践性特征，要求我们在实践中要把重视军事、热爱军队的情感需要转化为爱军拥军、积极参军、关注国防的行为；把强身健体、发展体育以积极锻炼的行为体现出来；把重义轻利的观念体现在见义勇为、敬老爱幼、克己复礼的行为上。

第四节　尚武精神功能

在中华民族的历史长河中，特别是近代以来，尚武精神的提倡和培育，已使得尚武精神凝聚为中华民族精神的基本内容和重要体现之一，成为"每一个中国人都应发扬光大的民族精神"①。近代以来的历史表明，尚武精神在维护国家统一安全、维系民族凝聚力向心力、提升国民思想道德修养等方面发挥了极其重要的作用，具有不可替代的功能与多维价值：历史观视野下的尚武精神是推动历史发展与社会变革的重要力量和因素；民族观视野下的尚武精神是凝聚社会力量、维护民族统一的重要基础；国家观视野下的尚武精神是维系国家安全、捍卫国家主权的

---

① 温力. 尚武精神及其对武术发展的影响［J］. 武汉体育学院学报，2009，43（8）：5-10.

重要保障；文化观视野下的尚武精神是传承民族文化、弘扬价值观念的重要载体，是影响社会风气的重要因素；修养观视野下的尚武精神是涵养个人道德人格、塑造民族性格的道德源泉。尚武精神在新时代依然能够给国家、民族、社会、个人发展提供源源不断的精神动力。

一、历史观视野下的尚武精神

社会意识依赖于社会存在，是社会存在的反映，且对社会存在具有能动的反作用。人类历史发展表明，历史变迁与尚武精神紧密相关，畏惧战争、贪图安逸的民族注定要遭受衰败和欺凌，全民尚武、崇尚荣誉的国家才会赢得尊重，才能防侵拒辱，才能自立于世界民族之林。① 从这个意义上讲，尚武精神为人类历史发展提供了巨大的引领力和推动力，而一个民族尚武精神的强弱，决定了国家聚力发展的劲力，形塑了国家在世界上的国际形象，决定了国家在国际关系中所处的发展地位，影响了民族成员的自信心。

崇文尚武、维护和平、独立自主是中华民族绵延不断、创造辉煌的重要精神因素。从中华民族尚武精神的历史嬗变来看，尚武之风走过了一个马鞍形的轨迹，其低谷的转折点肇始于宋代，而延续至晚清。逐渐沦为半殖民地半封建社会后，争取民族独立和人民解放就成为近代以来中国人民面临的主要历史任务。梁启超最早从国民品性的基础上提出了重塑尚武精神的命题。"日本国俗与中国国俗有大相异者一端，曰尚武与右文也"，而传统中国"贱武右文"文化传统观念不仅造成了中国人

---

① "尚武精神"唤醒民族血性 [EB/OL]［2017-04-06］http：//www. sohu. com/a/132340617_486060.

怯懦、畏死的习性，且形成了"无魂之兵、无魂之国"的局面。① 梁启
超进而从皇权体制、政权普及率、心理素质和人才选拔等方面分析了中
国尚武精神缺乏的原因。② 梁启超大呼"鼓民力""开民智"以建"新
民德"，特别是从国际竞争上呼吁"争自存"。他说："今日欧美诸国之
竞争，非如秦始皇、亚历山大、成吉思汗、拿破仑之徒之逞其野心黩兵
以为快也；非如封建割据之世，列国民贼，缘一时之私忿，谋一时之私
利，而兴兵构怨也。其原动力乃起于国民之争自存。"③ 换言之，"国民
之争自存"也就是争取民族独立和国家解放。拒俄运动时期，留日学
生的军国民教育会奉行"养成尚武精神，实行爱国主义"的宗旨④，其
骨干成员如黄兴、陈天华、蒋百里等人都积极宣传尚武精神的军国民主
义，目标则是构建全民皆兵以抵抗外力，"军者，国民之负债也。军人
之智识，军人之精神，军人之本领，不独限之从戎者，凡全国国民皆宜
具有之"⑤。清末尚武思潮符合时代要求，承载着救亡与新民的使命，
其"铸兵魂"与"招国魂"直指人心，震撼了国人的灵魂，重塑了军
人精神，陶冶了国民性格，日益"志士化"和革命化，最终与日益高
涨的革命思潮形成共振，有力地促进了革命运动的发展。⑥ 晚清湖湘地
区也曾一度出现"士乃嚣然喜言兵事""无湘不成军"的景象，表现出
充分的尚武精神的气概，并深刻影响了毛泽东。⑦ 之后，特别是经过第

---

① 夏晓虹. 梁启超文选：上 [M]. 北京：中国广播电视出版社，1992：220.
② 程亚文. 大国战略力 [M]. 上海：文汇出版社，2016：292.
③ 张品兴. 梁启超全集：第 1 册 [M]. 北京：北京出版社，1999：310.
④ 杨天石，王学庄. 拒俄运动 [M]. 北京：中国社会科学出版社，1979：116.
⑤ 蔡锷，曾业英. 蔡松坡集 [M]. 上海：上海人民出版社，1984：16.
⑥ 顾智明，余国庆，黄莹莹，等. 中国军人爱国主义史 [M]. 北京：解放军出版社，2014：398.
⑦ 朱汉民. 湖湘士人的崇文尚武精神 [J]. 中共宁波市委党校学报，2014，36（3）：37-44+128.

一次世界大战的刺激，重塑和培育尚武精神，塑造现代新型军队，构建新的军民关系，就成为时代和救亡的迫切任务。在这一历史进程中，以马克思主义为指导思想的中国共产党人，在坚持人民群众是历史创造者的立场上，创造了新型的人民军队，带领人民经过 28 年的浴血奋战，最终迎来了新中国的诞生。

精神的最终目的是服务于人，以促进人的发展为根本出发点和落脚点。促进人的自由和全面发展是马克思主义历史观最重要的价值。[①] 千百年来，中华民族历经的苦难推动了中华民族精神、意志、力量的一次次升华。无论是从纷争走向统一，是从半殖民地半封建社会走向主权独立，还是从贫穷走向世界第二大经济体，尚武精神在中华民族历史长河中推动社会由低级向高级不断发展。社会的发展与进步为人的自由和全面发展提供了积极有效的支持。在实现中华民族伟大复兴的新征程中，尚武精神的作用也必将更加显著。

二、民族观视野下的尚武精神

民族是人们在社会历史发展进程中形成的有共同语言、共同地域、共同经济生活、共同文化、共同心理素质的稳定的共同体。[②] 马克思主义民族观是马克思主义关于民族的性质、地位和作用的根本观点以及民族建设的思想理论。同一民族，在历史发展过程中会形成共同的社会文化、思想观念以及同一社会环境中的共同生活内容。尚武精神是个体精神上的自立、自强与无尽的自信，更是民族竞争中他人无法摧毁的顽强

---

① 魏文刚. 青年马克思主义历史观教育研究 [D]. 沈阳：辽宁大学，2018：26.
② 中共中央马克思恩格斯列宁斯大林著作编译局. 斯大林全集：第 2 卷 [M]. 北京：人民出版社，1954：294.

基石。一个真正做到"欲文明其精神，先自野蛮其体魄"① 的民族才是有朝气和生机的民族，才能自立于世界民族之林。

意志和智慧既是构建民族精神的重要元素，又是展现民族精神的重要窗口。尚武精神能够为民族的发展、团结、稳定提供强有力的思想支撑和精神支柱，尤其是在外族或异族入侵时，能砥砺本民族成员团结应敌的锐气，汇聚起万众一心的强大合力。尚武精神培育了中华民族自立、自强的竞争意识，和谐、合作的和平意识，刚勇、执着的进取精神。尚武不是争强好斗，而是一种强烈的、危急时刻为民族而战的自立、自强的意识。有了这种精神，一个民族就可以长久立足；有了这种精神，中华民族的伟大复兴指日可待。因而，具有特定和平进取内涵的尚武精神成为中华民族的精神特质之一。新时代，尚武精神必将为中华民族精神诠释新的内涵和意蕴。

三、国家观视野下的尚武精神

马克思主义国家观，包括马克思主义对国家的起源、含义、本质和职能等问题的根本性看法。主要观点有：国家具有缓和或者降低社会冲突的功能；国家有动员社会力量达成一定社会共识，解决经济社会发展难题，推动经济社会发展的作用；国家在全社会范围内确立起一种运行的规则和秩序，潜移默化于人们心中，可以降低经济社会发展成本。②

尚武精神对国家强种保国具有积极意义。正如梁启超在《论尚武》中总结的："尚武者国民之元气，国家所恃之以立，而文明所赖以维持

---

① 出自《体育之研究》，1917 年青年毛泽东以"二十八画生"为笔名，在《新青年》杂志第 3 卷第 2 号上发表的著名体育论文。

② 邓纯东，辛向阳. 马克思主义国家学说的基本内涵与现实价值 [J]. 理论参考，2015（8）：30.

者也。……立国者苟无尚武之国民，铁血之主义，则虽有文明，虽有智识，虽有民众，虽有广土，必无以自立于竞争剧烈之舞台……古希腊、德、俄、日本，此数国者，其文化之深浅不一辙，其民族之多寡不一途，其国土之广狭不一致，要其能驰骋中原，屹立地球者，无不恃尚武之精神。博博大地，莽莽万国，盛衰之数，胥视此矣。"[①] 尚武精神是一个国家得以独立存在、发展壮大的精神动力和意志保障，是国家机器的内在灵魂。历久弥新的尚武精神凝聚起社会共识的"最大公约数"，彰显强大的中国精神、中国价值、中国力量，为实现中华民族伟大复兴的中国梦提供精神动力。

中华民族在漫长的发展过程中，积淀了自强不息、卫国御侮的尚武精神，不断丰富发展国防理论与实践，最终形成了大一统的国家。在夏朝至清朝几千年的历史中，中国抵御外族入侵，壮大自身军事实力的同时，形成了较为系统的国防理论体系，比如"以民为本""居安思危"的国防指导思想、"富国强民""寓兵于农"的国防建设思想、"爱国教战""崇尚武德"的国防教育思想、"不战而胜""安国全军"的国防博弈策略。[②] 20 世纪初的体育救国、国术救国，乃至盛极一时的军国民主义等思想和主张，都契合了那个时代革命者发扬尚武精神以救国图存的爱国卫国理念。新时代，中华民族还面临着西方大国的军事威胁、领土争端、文化渗透、贸易摩擦等挑战，同时面临民族分裂势力、宗教极端势力、暴恐势力的现实威胁，中华民族尚武精神亟待强化。

---

① 张品兴. 梁启超全集：第 3 卷 [M]. 北京：北京出版社，1999：709.
② 杨道金. 治国通鉴 [M]. 北京：九州出版社，2013：217.

四、文化观视野下的尚武精神

马克思主义文化观认为，文化是人类社会发展进步的历程中极为重要的关键因素，作为一种充足能量，文化为人类社会的进步发展提供推动力。文化是国家软实力的主要标志，是决定国家竞争力的重要因素。尚武精神渗透到社会生活的方方面面，影响着社会的文化风貌。

西周、东周时期大力推行尚武精神，百姓只知耕战二事。当时社会文化出现了很多战争题材的诗歌，大雅中的《江汉》《常武》，小雅中的《出车》《六月》《采芑》等，大都反映了周宣王时期的武功；秦风中的《小戎》《无衣》等，也是表现对敌人侵犯的同仇敌忾、共御外侮、保家卫国、守土抗战、斗志昂扬、情绪乐观的战争诗。《诗经》中这类战争诗集中表现了军威声势，强调了道德的感化和军事力量的震慑，是我国古代崇德尚义，注重文德教化，使敌人不战而服的政治思想的体现。

唐代边塞诗人用边塞诗刻画出自己的尚武情怀，促使当时社会出现另外一种文化风貌。"丈夫赌命报天子，当斩胡头衣锦回""功名只向马上取，真是英雄一丈夫"等都表现出了诗人一往无前、势不可挡的气势和追求建功立业的雄心壮志。"黄沙百战穿金甲，不破楼兰终不还"展现了将士尚武的誓言，"万里不惜死，一朝得成功"展现了将士尚武的执着，"愿将腰下剑，直为斩楼兰"展现了将士尚武的追求。

中华文化是中华民族尚武精神形成的重要土壤。习近平总书记指出，中华优秀传统文化是中华民族的精神命脉，是涵养社会主义核心价值观的重要源泉，也是中华民族在世界文化激荡中站稳脚跟的坚实根基。① 尚武精神是中华文化的重要组成内容，为中华文化的形成与发展发挥了重要作用。传承和弘扬中华民族尚武精神就是传承和弘扬中华优秀传统文化的具体体现。历史智慧可被深入发掘，政治智慧可被有效汲取。中华优秀传统文化作为民族精神的源头和根基，充分展现了民族特有的自信心、自豪感和凝聚力。尚武精神作为中华优秀文化的重要组成部分，在新时代得到传承和弘扬，实现转化和升华，必将为推进中华民族伟大复兴的中国梦、构建"人类命运共同体"贡献强大的精神力量。

五、修养观视野下的尚武精神

中华民族历来重视修身养性，培养良好品德。讲仁爱、重民本、守诚信、崇正义、尚和合、求大同等"自我修身"的价值标准，已经成为中华民族"最深沉的精神追求"和共有的精神家园。尚武精神的重要指向就是追求"正心修身"。尚武精神能够不断形塑个体精神世界，以其丰富性内涵和多样性实践为中华民族开拓进取、不懈奋斗提供强大的思想动力和坚实的精神支撑，成为中华儿女形塑良好品行的基础。中华民族的尚武精神生动诠释了中华民族精忠报国、以身许国的崇高价值理念，既包含着"飞霜掠面寒压指，一寸赤心惟报国"的坚贞不渝，也蕴含着"当须徇忠义，身死报国恩"的赤子情怀；既内蕴了"愿得此身长报国"的无怨无悔，也贯通了"位卑未敢忘忧国"的爱国之情。

中华优秀传统文化倡导"兼爱天下"，奉行"克己奉公""天下为公"，推崇"以天下为己任"。如前所述，民族的文化基因规约了尚武精神的品质内涵和价值指向。中华民族尚武精神以"义"为准则便显现出了坚实而稳固的文化根基。故此，孟子本人及其弟子所践行的尚武

---

① 习近平在文艺工作座谈会上的讲话 ［N］. 人民日报，2015-10-15 (1，4).

精神便以品性修养的方式多维呈现，或表现为秉持义利并重、以义为先的政治观，或表现为合乎礼义、以义待利的生活观，或表现为崇义尚道、舍生取义的人生观，或表现为"富贵不能淫，威武不能屈"的义利观。

礼是中国传统文化的核心要素之一。礼仪是个体内心思想的外在表现、表达方式，体现个人的道德水准、文化修养、交际能力等。只有精神高尚、人格完善的人才可能时时处处表现出良好的礼仪状态。社会主义核心价值观与尚武精神有相通之处，二者对弘扬民族精神，推动社会主义和谐思想具有密切的共融性。[1] 社会主义核心价值观在个人准则层面的首要要求即是"爱国"，这与尚武精神的内核——爱国主义高度契合。从新时代中国特色社会主义精神文明建设的重大现实任务而言，弘扬、培育尚武精神应以社会主义核心价值观为指导，传承、培育尚武精神是实践社会主义核心价值观的重要内容和应有之义。从发展取向上来讲，尚武精神注重文化传统的继承与发扬，社会主义核心价值观注重现实价值问题的解决，尚武精神与社会主义核心价值观肩负着共同的时代使命，即充分发挥推进实现中华民族伟大复兴进程的精神支撑功能。

第五节　尚武精神价值

尚武精神是形塑国家形象的重要精神元素，维系着中华民族的凝聚力和向心力，关系着国家和民族的生死存亡，是提升民族素质和国家竞

---

[1] 袁安发，郭梦瑶. 尚武精神与社会主义核心价值体系的共融性研究 [J]. 中华武术研究，2017（10）：70-72.

争力的重要法宝。本研究尝试从国家层面、社会层面和个人层面分析其价值。

一、国家层面的价值

尚武精神是立国之本。尚武精神的强弱，直接影响着国家的组织力和影响力、话语权和国际地位。梁启超在《论尚武》中总结道："尚武者国民之元气，国家所恃之以立，而文明所赖以维持者也。……立国者苟无尚武之国民，铁血之主义，则虽有文明，虽有智识，虽有民众，虽有广土，必无以自立于竞争剧烈之舞台……古希腊、德、俄、日本，此数国者，其文化之深浅不一辙，其民族之多寡不一途，其国土之广狭不一致，要其能驰骋中原，屹立地球者，无不恃尚武之精神。博博大地，莽莽万国，盛衰之数，胥视此矣。"毛泽东在其人民战争思想中曾讲道，"兵民是胜利之本"，"人民群众是战争胜负的决定力量"。"我们中华民族有同自己的敌人血战到底的英雄气概，有在自力更生基础上光复旧物的决心，有自立于世界民族之林的能力。"①"中国人民不甘屈服于帝国主义及其走狗的顽强的反抗精神"，"不屈不挠、再接再厉的英勇斗争，使得帝国主义至今不能灭亡中国，也永远不能灭亡中国"。②

文能安邦，武能定国。习文修武初则可以启迪童蒙，正心修身，及其成功，小则杀贼平乱，保护乡里，大则安邦定国，造福千万黎民。尚武精神具有维护国家安全的功效，其实现途径主要是从两方面开展的。

一是尚武精神具有引领国家意识形态安全的价值。尚武精神是观念

---

① 中共中央毛泽东选集出版委员会. 毛泽东选集：第1卷［M］. 北京：人民出版社，1991：156.
② 中共中央毛泽东选集出版委员会. 毛泽东选集：第2卷［M］. 北京：人民出版社，1991：621-656.

上层建筑，属于意识形态范畴。马克思曾在《德意志意识形态》中做过阐释："一个阶级是社会上占统治地位的物质力量，同时也是社会上占统治地位的精神力量。支配着物质生产资料的阶级；同时也支配着精神生产资料，因此，那些没有精神生产资料的人的思想，一般都是隶属于这个阶级的。"① "如果从观念上考察，那么一定的意识形态的解体足以使整个时代覆灭。"② 当前我国面临着严峻复杂的国际国内形势，国家、国防、社会等诸多方面存在安全隐患。尚武精神包含着维护国家安全、国防安全和社会安全的意识与共识，如果式微，中华民族则难以形成关于国家总体安全的共识，后果难以想象。

二是尚武精神蕴含的国防意识具有维护国家军事安全的价值。《左传·成公十三年》有句著名的话："国之大事，在祀与戎。"自有国家以来，就不可避免战争。一个国家、民族要想生存、发展，就必须在战争中获胜。"当前，我国正处于一个大有可为的历史机遇期，发展形势总的是好的，但前进道路不可能一帆风顺，越是取得成绩的时候，越是要有如履薄冰的谨慎，越是要有居安思危的忧患，绝不能犯战略性、颠覆性错误。"③ 当前我国国家安全形势日益严峻，面临着各方面的挑战，既有传统安全，又有非传统安全。习近平总书记指出："当前我国国家安全内涵和外延比历史上任何时候都要丰富，时空领域比历史上任何时候都要宽广，内外因素比历史上任何时候都要复杂，必须坚持总体国家

---

① 中共中央马克思恩格斯列宁斯大林著作编译局. 马克思恩格斯选集：第1卷 [M]. 北京：人民出版社，1995：99.

② 中共中央马克思恩格斯列宁斯大林著作编译局. 马克思恩格斯全集：第46卷下 [M]. 北京：人民出版社，1985：35.

③ 在新进中央委员会的委员、候补委员和省部级主要领导干部学习贯彻习近平新时代中国特色社会主义思想和党的十九大精神研讨班上的讲话 [N]. 人民日报，2018-01-06 (2).

安全观，以人民安全为宗旨，以政治安全为根本，以经济安全为基础，以军事、文化、社会安全为保障，以促进国际安全为依托，走出一条中国特色国家安全道路。"① 在战略机遇期、风险高发期，尤其需要我们传承和弘扬民族尚武精神。树立国家安全意识，维护国家主权和领土完整，反对新殖民主义，反对西方敌对势力对我国的"西化"、分化。

党的十八大以来，习近平总书记始终告诫全党要树立底线思维，多次用"木桶原理"警示全党要善于补齐短板，找准思想领域的短板，传承、弘扬中华民族精神。"天下之祸不生于逆，生于顺。"今天，在全面建设社会主义现代化道路上，我们还会面临这样那样的风险挑战，如果处理不好、处理不当，都会对我国发展进程产生重大冲击和干扰。我们必须增强忧患意识、国防意识，具备基本的军事动员能力，充分做好防范和化解各种重大风险的准备。

二、社会层面的价值

中华民族尚武精神是保证中华民族延续发展、不断前进的精神基石。中华民族尚武精神以爱国主义为核心，以维护国家安全、捍卫国家主权、维系社会正义、强化社会担当、提升个体自立自尊自强意识和意志品质为价值取向，强调崇德尚武、见义勇为、坚韧勇敢、自强不息、刚健有为，发挥了形塑和引领社会风貌的作用。

尚武精神提供价值指引。尚武精神是一种价值观，弘扬真善美，其核心理念增强了公众的价值判断力，为全社会提供了正确的价值指向、友善的道德意愿和美好的道德情感。尚武精神的构成要素涵盖了当下社会进步和人类发展不可或缺的基本要素。尚武精神的基本规范也是个体

---

① 习近平. 习近平谈治国理政 [M]. 北京：外文出版社，2014：200-201.

做人的基本规范。比如，尚武精神以仁义为主导，要求人们正确看待义利之间的关系；尚武精神以善恶为关切，引导人们锄强扶弱，反映惩恶扬善的价值观。

尚武精神凝聚社会力量。尚武精神是以爱国主义为关键内核，为社会建设凝聚了最大的力量。中国人民抗日战争胜利的力量源泉就是中华民族尚武精神所具有的凝聚力。抗日战争爆发后，中华民族危在旦夕，正是尚武精神的勃发，将全国各族人民紧密团结起来。毛泽东指出，中国"动员了全国的老百姓，就造成了陷敌于灭顶之灾的汪洋大海，造成了弥补武器等缺陷的补救条件，造成了克服一切战争困难的前提"[1]。新中国成立后，全社会继续保持了这种爱国热情，在一穷二白的基础上，全国人民掀起了社会主义建设高潮，使新中国发生了翻天覆地的变化。

中华民族尚武精神是在历史发展中形成的，在新时代又衍生出新的意蕴和新的呈现形态。习近平总书记在中国共产党第十九次全国代表大会上的报告指出，"不忘本来、吸收外来、面向未来，更好地构筑中国精神、中国价值、中国力量，为人民提供精神指引"[2]。在新时代，全球化进一步发展的时代背景下，尚武精神的时代价值也将进一步迸发，为重塑国家雄风、提振民族精神、弘扬社会正义、强健国民体魄提供源源不断的精神动力。

三、个人层面的价值

马克思主义将促进人的自由全面发展当作人类社会发展的最高价值

---

[1]　中共中央毛泽东选集出版委员会. 毛泽东选集：第 2 卷 [M]. 北京：人民出版社，1991：480.

[2]　习近平. 决胜全面建成小康社会 夺取新时代中国特色社会主义伟大胜利 [N]. 人民日报，2017-10-19 (2).

追求。中华文化也以人的发展进步作为崇高理想。"以人民为中心"、坚定"人民立场"就是以习近平同志为核心的党中央在新时代治国理政的根本原则和鲜明逻辑。尚武精神是每个人赖以生存和发展的精神支撑。理论和实践表明，人的"全面自由发展"需要弘扬尚武精神。

尚武精神不断塑造民众的精神世界，以其丰富内涵为中华儿女开拓进取、不懈奋斗提供强大的思想动力和坚实的精神支撑。传统文化中的爱国之情、报国之志，是中华民族得以长期生存和发展的重要因素，无数英雄公而忘私，为国舍家，壮怀激烈，他们展现的浩然正气和民族气节，构筑成国家民族的脊梁。寻求民族独立的年代，精武体育会"以提倡武术，研究体育，铸造强毅之国民为主旨""期造成一世界最完善、最强固之民族，斯即精武之大希望也，亦即精武之真精神也"[1]。走向共同富裕的新时代，广大人民群众的物质生活得到了基本满足，而精神财富还相对匮乏，信仰缺失、精神空虚、信任缺失、价值观迷失等问题依然存在。

尚武精神对促进个体的发展有积极作用：有助于为人的发展提供广阔的施展空间，促成高级的自我实现；有助于锻造坚韧意志、提高实践能力；有助于为人的发展提供道德价值导航和道德修养方法；有助于培养人的创新精神和创新能力；有助于提升人的品位和情操，缓解人的精神和心理压力，塑造人的行为。每一个人都是新时代的见证者、开创者、建设者，只有每一个人自由全面发展，才能为中国特色社会主义建设提供源源不断的动力。

---

[1]　陈铁笙. 精武本纪［M］. 上海：上海体育精武总会，1919：60.

第六节　尚武精神的新时代意蕴

一、时代意蕴阐释的基本原则

精神现象的生成、延续遵循辩证唯物主义和历史唯物主义的基本原理，彰显其在实践中的社会适应性。内涵约定了精神现象的本质内核，具有相对静态属性；意蕴则涵盖精神外延，因应政治、经济、文化、社会等因素的变化，呈现绝对动态特征。对时代意蕴的阐释要把握好精度、厚度和锐度三个基本方面。

坚持阐释与时代任务相结合，彰显精神意蕴的精度。马克思说："人的身体和精神的发展不可避免地是由生产力发展的历史决定的。"中华体育精神折射的是特定时期具有积极意义的人生态度、社会心理、集体情感和时代精神，呈现"时、事、势"的动态演变过程，需要进行具体的社会历史分析。步入现代体育轨道之后，中华体育精神始终与国家荣誉、民族荣光息息相关，如20世纪初以"救亡图存""强国保种"为直接目的，革命和建设时期铸就了"中华民族更生再造"的坚强内驱，改革时期激活了联结世界的决心勇气。伴随我国社会主要矛盾的变化和第二个百年奋斗目标的启程，中华体育精神必然要审视新发展阶段赋予的使命。

坚持阐释与历史文化相结合，彰显精神意蕴的厚度。精神是文化的内核与灵魂，是社会性、历史性存在，随着实践和认识的拓展而发展，伴随社会的进步而不断积淀并完满。中华体育精神是民族精神的新升华，是时代精神的新呈现，是中国精神在特定历史时期的生动诠释。我们要坚持宏大史观，把中华体育精神的生成、发展放置于人类文明发展史中检视。从内部来看，优秀传统文化为其创新性发展提供滋养，社会主义核心价值体系和伟大建党精神为其创造性转化提供因子。从外部来看，以奥林匹克为代表的西方文明为其提供营养，崇尚力量、鼓励竞争的文化心理融入血脉，"更高、更快、更强、更团结"的旨趣彰显了新时代的诉求。

坚持阐释与现实博弈相结合，彰显精神意蕴的锐度。中华体育精神内隐于主体的体育实践中，表征为个体的精神气质和对社会其他实践活动的感染、渗透和辐射，其影响力可上升到整个国家和民族的高度。甩掉"东亚病夫"的帽子，实现体育大国到体育强国的转变，实现中华民族的伟大复兴离不开中华体育精神的引领。中华体育精神在民族融合、国家认同、文化交流中具有重要的黏合作用，但也遭遇了颇多现实困境，国际社会大量抹黑中国形象、诬蔑违背《奥林匹克宪章》的言行时有发生。中华体育精神抵制体育政治化、追求公平正义的品质是成就其持久力、正义性和人本性内核的关键元素，是新发展阶段应对现实博弈而制胜的密码。

二、尚武精神的新时代意蕴

尚武精神的强大生命力在于它是一个开放的体系。它吸纳了中华民族不同历史时期生成的优秀精神养分，也必将在新时代中国特色社会主义建设进程中实现其理论品质的转化与升华。实现中华民族伟大复兴的历史使命艰巨而又复杂，中华民族面临着诸如5000多年的优秀文化被冲击、社会主义制度被否定、主权领土被威胁的重大挑战，面临诸如国家被侵略、被颠覆、被分裂，改革发展稳定大局被破坏，中国特色社会主义进程被打断等重大风险。尚武精神的时代性和实践性，决定了尚武精神的价值意蕴和内涵禀赋。在实现中华民族伟大复兴中国梦的进程中，世情、国情、党情的新变化，赋予了尚武精神在国家、社会、个人层面的新意蕴。

在国家层面上，尚武精神集中表现为为维护国家安全而形成的国家安全意识、忧患意识、居安思危意识。2014 年 4 月 15 日，习近平总书记在中央国家安全委员会第一次会议上强调："增强忧患意识，做到居安思危，是我们治党治国必须始终坚持的一个重大原则。我们党要巩固执政地位，要团结带领人民坚持和发展中国特色社会主义，保证国家安全。"① 这次会议的召开，标志着中国特色国家安全体系建设思想与行动进入新阶段。以习近平同志为核心的党中央适应国情，以民为本，依靠群众、动员群众构建国家安全的基础，又通过营造国家总体安全服务于人民生活水平的改善，服务于中华民族伟大复兴中国梦的最终实现。国务院将每年 4 月 15 日定为全民国家安全教育日，将国家安全教育常态化，借以增强全民国家安全意识。

在社会层面上，尚武精神体现为社会主义核心价值观关照下的社会稳定意识、公平法治意识，包含维护法治秩序与社会稳定、扬善除恶（与违法犯罪行为做斗争）、见义勇为、维护社会正义等内容。社会稳定是社会秩序、生活秩序、治安秩序、国家安全秩序的有序状态和公众思想的稳定与和谐。② 当前中国经济处于由传统社会向现代社会的历史转型期，生产力飞速发展带来了人们生活方式和价值观念的巨大变化，某些局部地区出现社会冲突和混乱等不稳定现象。社会主义核心价值观作为一种价值观念，适应当前社会多元化、利益复杂化、文化多样化的时代要求，从国家、社会和个人三个层面引领社会思潮，凝聚社会共识，维持社会稳定。

① 习近平. 习近平谈治国理政 [M]. 北京：外文出版社，2014：200.
② 相雅芳. 社会主义核心价值观与社会稳定的内在关联 [J]. 内蒙古电大学刊，2004（6）：23.

公平正义是人类社会永恒追求的理想和目标，是社会主义核心价值观的重要内容。实现公平正义，是中国共产党的历史使命，是中国特色社会主义的核心内容和首要目标。社会主义制度的建立，使工人阶级和广大劳动人民获得了历史上从未达到过的公平正义。公平正义的社会发展理念已经成为新时代领导集体的治国理念，引领着中国特色社会主义道路、理论和制度的构建。习近平总书记指出："核心价值观，承载着一个民族、一个国家的精神追求，体现着一个社会评判是非曲直的价值标准。"促进社会公平正义，体现在社会生活的各个领域、各个层次、各个方面。

在个人层面上，尚武精神体现为建立在社会主义核心价值观、思想道德素质之上的人类命运共同体意识、爱国主义精神、习武尚勇精神、自强不息精神、英雄主义精神、投笔从戎精神，等等。2015 年 9 月，习近平总书记在纪念中国人民抗日战争暨世界反法西斯战争胜利 70 周年大会上指出，"为了和平，我们要牢固树立人类命运共同体意识"。中华民族历来爱好和平，在对外交往中坚持"强不执弱，众不劫寡，富不侮贫"，主张"礼行天下""协和万邦"，提倡"海纳百川，有容乃大"，倡导"己所不欲，勿施于人"，崇尚"以和邦国""和而不同"，向往"美美与共""天下大同"。革命英雄主义精神是我党我军的光荣传统，主要表现为：英勇顽强的战斗作风、高度自觉的牺牲精神、坚贞不屈的崇高气节、不怕困难的坚强意志、勇挑重担的革命干劲等。过去，我党我军靠这种革命英雄主义精神，打败了国内外强大的敌人，战胜了各种困难，赢得了胜利。新时代，实现中华民族伟大复兴的中国梦，更需要大力发扬这种精神。尚武精神也表现在国家最需要的时候，个体表现出的大无畏的担当精神和牺牲精神，投笔从戎，弃文从武，挺身而出，投身疆场，为国立功，施展抱负。

第三章　尚武精神培育的理论依据

尚武精神及其培育，是个现实的实践问题，也是复杂的理论问题。强化科学理论的指导，把握精神生成、发展的规律才能更好地实践尚武精神培育的工作。本章将系统梳理尚武精神培育的相关理论依据。马克思主义经典作家以及不同历史阶段的中国共产党人关于精神及其培育的思想，为尚武精神培育奠定了世界观与方法论基础；现代思想政治教育学结构论、目的论，为尚武精神培育提供了直接的学理基础；其他学科相关的集体记忆理论、意志教育理论以及中华优秀传统文化关于精神培育的思想，为尚武精神培育提供了理论与方法借鉴；高等院校在精神培育方面的先进理念，为尚武精神培育理论和策略提供了直接的理念来源。

第一节　马克思主义经典作家思想

精神属于社会意识范畴，由特定的社会存在所决定。社会存在指社会的物质生活过程，其最主要的、基础的是物质资料的生产方式。社会意识指社会的精神生活过程，广义上指社会的一切意识要素和观念形态，包括社会心理和社会意识形态；狭义上则专指关于社会关系的意识，即意识形态。社会存在决定了社会意识的产生、性质、发展，社会意识对社会存在也有反作用。①

一、关于物质生产和精神生产的思想

物质生产与精神生产是历史唯物主义的两个重要范畴，是社会生产的两大方面、两大领域。马克思、恩格斯在《德意志意识形态》《共产党宣言》《资本论》等著作中多次提及。物质生产即人类生活所必需的物质资料的生产，是人们运用劳动资料改造自然、创造物质财富的实践，由劳动者、劳动资料和劳动对象三种元素在劳动过程中结合起来。② 物质生产活动是人类社会存在和发展的前提。物质生产包括生产力和生产关系两个方面。生产力决定生产关系，生产关系反作用于生产力，二者之间的矛盾运动是社会发展的根本动力。物质生产在社会发展中不断分化出新的部门。物质生产的成果表现为物质文明。

精神生产一般指由专门分化出来的社会阶层在意识、思维领域中所进行的探索性、创造性的活动。它是人们凭借认识、思维器官和工具对精神生产的原料进行加工制造，形成观念形态产品的过程。精神生产的成果是精神文明，其产品一般不具有物质性存在形式，但通过可感知的形式表现出来，如科学理论著作、文学艺术作品等。③ "思想、观念、意识的生产最初是直接与人们的物质活动，与人们的物质交往，与现实

---

① 蒋大椿，陈启能. 史学理论大辞典［M］. 合肥：安徽教育出版社，2000：897.
② 范恒山，倪文杰. 领导知识词典［M］. 北京：中国国际广播出版社，1988：578.
③ 《新编哲学大辞典》编委会. 新编哲学大辞典［M］. 哈尔滨：哈尔滨出版社，1991：469.

生活的语言交织在一起的。人们的想象、思维、精神交往在这里还是人们物质行动的直接产物。表现在某一民族的政治、法律、道德、宗教、形而上学等的语言中的精神生产也是这样。"①

精神生产与物质生产交互作用，共同构成人类社会存在和发展的基础。在实践基础上形成的先进理论、科学知识等，不断渗透到物质生产力的各种要素之中，使劳动者、劳动对象和生产资料不断变化，又反过来促进物质生产进一步向前发展，推动新的生产资料的出现，提升劳动者素质，为物质生产和社会进步提供持续的精神原动力。"新的更高的生产关系的物质条件在旧社会的胎胞里成熟的时候，精神生产发挥着社会变革的理论先导的作用。"②

尚武精神是社会存在的直接反映，受自然环境、社会历史文化、时代任务和现实博弈等因素的影响与制约。自然环境不同，生存发展的历史文化不同，尚武精神的强烈程度也就表现不一。人类社会形成之初，自然环境异常恶劣，征服自然以获得资源，抵御猛兽以求得生存，迫切要求人类要有强健的体魄，由此形成了最初对"武"的崇拜。氏族部落之间纷争不断的历史证明，只有那些有强大战斗力的部落才会不被消灭，人类社会的尚武意识也得以进一步强化。自然环境和社会诸要素对尚武精神的形成发展、特征与走向产生影响。时代任务和现实博弈决定了尚武精神的价值取向和生命力。从世界历史来看，不同国家、不同民族、不同时代的尚武精神表现各异。

---

① 中共中央马克思恩格斯列宁斯大林著作编译局. 马克思恩格斯选集：第1卷［M］. 北京：人民出版社，1995：72.

② 胡海波，郭凤志. 马克思恩格斯社会整体性视域下的精神生产理论［J］. 东北师大学报（哲学社会科学版），2009（6）：48-49.

二、关于精神演变与作用的思想

社会意识决定于社会存在，并随之变化而变化。社会意识必然要与特定的、具体的社会存在相一致，而且要受到各种社会存在的制约。由于所处历史阶段不同，所具有的生产关系不同，社会意识的内容和特点也因此有差异。社会物质生产方式一旦发生重大变化，社会意识也会随之发生相应变化。马克思认为："人们的意识，随着人们的生活条件、人们的社会关系、人们的社会存在的改变而改变。"[①] 尚武精神作为社会意识的重要构成，其内涵也必定是动态发展的。时代在进步，社会在发展，形势在变化，这就要求我们用发展的眼光重新审视尚武精神，不断赋予其新的时代内涵。在战乱年代，尚武精神体现为不畏艰险、不怕牺牲、一往无前、锤炼成钢的血性和战斗精神；在和平年代，尚武精神转化升华为自强不息、刚健有为、攻坚克难的奋斗精神。新时代尚武精神契合建设中国特色社会主义、全面建成小康社会、实现中华民族伟大复兴的现实需要。结合新时代国内外形势，尚武精神新时代意蕴必然要与总体国家安全观、社会主义核心价值观、人类命运共同体意识等相关联，体现出时代性特征。

社会意识是能动的，能够反作用于社会存在。先进的、革命的、科学的社会意识对社会存在的发展产生促进作用；落后的、反动的、不科学的社会意识对社会存在的发展起着阻碍作用。[②] 这种反作用体现在两方面：一是无论什么性质的社会意识都会对社会存在产生作用。二是社

---

① 中共中央马克思恩格斯列宁斯大林著作编译局. 马克思恩格斯文集：第 2 卷 [M]. 北京：人民出版社，2009：50.

② 班瑞钧. 奠基智慧：马克思主义哲学重要概念解析 [M]. 北京：冶金工业出版社，2014(7)：258.

会意识所起的作用，有程度深浅、范围大小、时间久暂、作用方式、反馈方式的不同。社会意识具有相对独立性。虽然社会存在决定社会意识，但是社会意识的变化发展与社会存在的变化发展不完全是同步进行的。社会意识一旦形成，便同时遵循其特有的发展规律。因此，在历史发展中，社会意识有时候会表现出滞后于社会存在的变化，有时候也会超越特定的社会存在。尚武精神作为社会意识的重要内容之一，具有影响社会发展的能动作用，其在维护国家安全稳定、维系民族团结、提升国民道德修养、提振民族克难信心等方面不可或缺，具有不可替代的功能与多维价值。

三、关于精神实践性的思想

实践性是意识形态最基本的属性。马克思、恩格斯从"虚假意识"和"观念上层建筑"两个层面对意识形态做了基本界定。二者都根源于社会实践。意识形态的实践性包括两层含义：其一，实践是意识形态产生、发展、变化的根源；其二，反作用于实践是意识形态的内在品格。意识形态的生命力最终表现为诉诸实践的效力。[①] 人通过"实践—意识"环节实现了由物质到精神的转化，又通过"意识—实践"环节，实现了由精神到物质的转化。在"实践—意识""意识—实践"两个环节中，"实践"发挥着桥梁纽带作用。马克思指出："理论一经掌握群众，也会变成物质力量。"[②]

尚武精神的实践性主要体现在一个民族对"野蛮体魄"的追求、

---

① 王传礼. 意识形态的实践性解读 [J]. 社科纵横，2017（10）：48-51.
② 中共中央马克思恩格斯列宁斯大林著作编译局. 马克思恩格斯文集：第 1 卷 [M]. 北京：人民出版社，2009：11.

对坚强意志的淬炼、对民族安全的忧患、对尚武力量的充实、对尚武行为的激励、对社会和平的执着、对自强不息的笃定等。只有在培育和弘扬尚武精神的实践中，才能真正形成一个民族"崇武尚勇、自强不息"的大众化的、普遍性的整体素质。尚武精神也只有融为中华民族每个成员的内在修养、行动自觉和执着信仰，并融入全面建成小康社会、实现民族伟大复兴的恢宏实践中，才能发挥其应有的价值。

四、关于灌输的理论

"灌输论"是马克思主义理论教育体系中的重要理论之一。列宁根据人的能动特性和社会意识的相对独立性原理，提出了"人的意识不仅反映客观世界，并且创造客观世界"的命题。列宁认为，科学社会主义思想作为指导人们反映、改造和创造客观社会的理论，工人非常需要，但又不可能在工人头脑中自发产生。列宁结合国际工人运动的经验，在《怎么办?》一文中丰富和完善了灌输理论，主要观点有："工人运动不可能单独产生科学社会主义"；"工人的自发性和自觉性是不同的，自发的工人运动容易受到资产阶级思想体系的控制"[①]；"没有革命的理论，就没有革命的运动"[②]；"要把自发的工人运动变为自觉的革命运动，就必须实现社会主义与工人运动的结合，把社会主义意识从外面灌输给工人，即只能从经济斗争外面，从工人同厂主的关系范围外面灌输给工人"[③]；"我们应当既以理论家的身份，又以宣传员的身份，既

---

① 中共中央马克思恩格斯列宁斯大林著作编译局. 列宁专题文集：论无产阶级政党 [M]. 北京：人民出版社，2009：76.

② 中共中央马克思恩格斯列宁斯大林著作编译局. 列宁专题文集：论无产阶级政党 [M]. 北京：人民出版社，2009：70.

③ 中共中央马克思恩格斯列宁斯大林著作编译局. 列宁选集：第1卷 [M]. 北京：人民出版社，1972：293.

以鼓动员的身份，又以组织者的身份'到居民的一切阶级中去'"①。列宁指出："工人本来不可能有社会民主主义的意识。这种意识只能从外面灌输进去。"② 列宁指出的"从外面灌输"是指"从经济斗争范围外面"，灌输内容是工人原来不了解的马克思主义基本原理，进而使工人明确自己的历史使命。列宁"灌输论"，指出了先进革命理论指导革命实践的重要性，其旨在引导工人通过灌输的方式，树立马克思主义信仰，树立正确的世界观、人生观、价值观，去除革命的自发倾向，去除缺乏能动性的机械唯物主义倾向与庸俗唯物主义倾向。

　　灌输理论既是一种教育理论，又是一种教育方法。灌输理论表明，科学的理论体系、正确的世界观与方法论只有通过学习、教育、实践而自觉形成，不可能自发产生，这是科学思想、正确世界观形成、发展的规律。③ 尽管新时代的社会条件同列宁所处的时代相比已经发生了很大变化，但灌输理论不仅没有过时，反而更加重要，它对青年尚武精神认知体系的构建有积极意义。新时代，培育主体要主动适应时代特点，按照时代要求不断创新灌输理念与方式。

　　尚武精神是人类精神领域内一种特殊的意识形态，是推动历史发展与社会变革的重要力量，是凝聚社会力量、维护民族统一、砥砺个体意志的能动因素，是维系国家安全、捍卫国家主权的重要保障，是传承民族文化、弘扬价值观念的重要载体，是涵养个人道德人格、塑造民族性格的道德源泉。从个人思想品德的形成过程来看，尚武精神相关的知识

---

①　中共中央马克思恩格斯列宁斯大林著作编译局. 列宁选集：第1卷 [M]. 北京：人民出版社，1972：296.

②　中共中央马克思恩格斯列宁斯大林著作编译局. 列宁选集：第1卷 [M]. 北京：人民出版社，1972：247.

③　侯爽. 关于灌输理论与思想政治教育本质的再研究 [J]. 思想理论教育导刊，2009（10）：74-78.

体系也需要一个学习和传授的过程。客体通过接受教育，才能在头脑中构建起与之相关的知识体系，才能在实践中转化成行为。

第二节　相关学科理论支撑

一、思想政治教育结构论

思想政治教育结构的基本构成决定着思想政治教育功能，决定着思想政治教育整体效应的形成和发挥。

从基本结构来看，思想政治教育包括主体、客体、介体、环体等基本要素系统。① 其中，主体起着主导作用，客体具有主动作用，介体具有纽带作用，环体是主体、客体、介体发生作用的条件。主体是教育活动的承担者、发动者和实施者，起着主导作用。主体的强弱决定着主体作用发挥的程度，决定着思想政治教育活动的功效，决定着主体的角色形象。一般来说，思想政治教育主体分为教育个体（如家长、教师）和教育群体（团体、机构）两类，也可以分为正式群体（如社区、行业协会、研究会）和非正式群体（学生社团、兴趣小组）。客体是思想政治教育活动的接受者和受动者，是主体的作用对象。思想政治教育客体是具有主体性的客体。介体是主体作用于客体的"桥梁"，以此与客体相互联系、相互作用，主要包括主体作用于客体的思想信息内容及方式。从发挥作用程度来讲，介体有直接介体（如专题讲座、理论报告）与间接介体（如大型文体活动）之分；从历史发展来看，介体可分为

---

① 赵明. 新编思想政治教育学［M］. 济南：黄河出版社，2008：233.

传统介体（如会议、报告、报纸）与现代介体（如互联网、两微一端）。环体即思想政治教育的环境，指对思想政治教育活动产生影响的一切外部因素的总和。环体可分为大环境与小环境、软环境与硬环境、现实环境与虚拟环境。

尚武精神培育呈现多元主体，如家庭、学校、国家、社区、社团、新媒体（鉴于新媒体在现实生活中的作用，本研究把"新媒体"视同为主体）。尚武精神培育既要关注国际国内的政治、经济、文化发展的大环境，也要重视客体直接学习和生活的小环境；既要关注强身健体器材等必要的物质设施硬环境，也要关注校风、价值观念等软环境；既要关注生活、学习等现实环境，也要关注互联网等虚拟环境。

从目标结构来看，思想政治教育目标不是单一的，而是集合的，是一个目标系统，具有内在的结构，其基本层次是个体目标与社会目标。① 个体目标是提高客体的思想道德素质，促进受教育者德、智、体、美、劳诸方面发展，把客体培养成适应社会发展需要的人，包括思想素质目标（如思维方式和价值观念）、政治素质目标（如政治方向）、道德素质目标（如践行社会主义核心价值观）和心理素质目标（如自我认同）。社会目标是比个体目标层次更高的目标，其目的是促进社会的全面发展与进步，包括经济目标（如推进深化改革开放）、政治目标（如维护国家独立安全）和文化目标（如提升全民族思想道德素质）。思想政治教育目标确立的客观依据，就是适应、满足客体和社会发展的双重需要。在人的成长和发展过程中，思想道德品质的发展，与人的认知能力的发展具有相关性，呈现出一定的规律性，是一个内化与外化相统一的过程。

---

① 孙其昂. 思想政治教育现代转型研究 [M]. 北京：学习出版社，2015：129.

尚武精神培育主体在确定培育目标时，既要考虑客体尚武精神品质发展的现实情况，又要考虑客体尚武精神品质发展的未来需要，形成与新时代发展相适应的精神品质。培育主体要构建起与国家安全、国防安全、社会安全和自我认知相关的内容丰富的知识体系，为客体认知能力的提升做好知识储备。尚武精神在培育目标方面，关涉个人层面的目标就是要培养客体生成和提升自立自强、英雄崇拜、自强不息、刚健有为的品质；关涉社会层面的目标则为公平法治、崇尚正义、坚持正义、匡扶正义；关涉国家层面的目标则为独立安全、家国情怀、精忠爱国、忠勇报国。

二、思想政治教育目的论

人的实践活动具有目的性，同样，思想政治教育也有其目的，有着明确的目标指向或价值取向。思想政治教育以提高人们认识世界与改造世界的能力，在改造客观世界的同时改造主观世界为根本目的。这一根本目的，反映了思想政治教育活动最本质的愿望和要求，是思想政治教育活动的出发点和价值旨归。这一根本目的的实现，通过各个阶段、各项思想政治教育的任务来完成。各项思想政治教育任务实现的是具体目标，只有具体目标不断完成，思想政治教育的根本目的或长远目标才会实现。

理想信念是思想政治教育的核心。"没有理想信念，理想信念不坚定，精神上就会'缺钙'，就会得'软骨病'。"① 理想是通过个人奋斗而可能实现的信念，体现了对自身能力的坚信，体现了对未来真善美的追求。信念是情感、认知和意志的有机统一，体现了对某事坚定不移的

---

① 习近平. 习近平谈治国理政［M］. 北京：外文出版社，2014：15.

信心，体现了对事物笃行的精神状态与坚定意志。共产主义社会理想信念对坚定青年的精神意志、引领青年的实践活动具有巨大的精神指引作用。

爱国主义教育是重点。爱国主义是中华民族的优良传统，是蕴含最为深厚的历史情感，是全国各族人民共同行动的精神支柱。弘扬和培育爱国主义精神是凝聚民众的"最大公约数"，可以大大提升民族凝聚力，增强国家竞争力，提升个人思想道德素质。在新时代，爱国情怀体现在以下三个方面：一是关注祖国的命运、前途与未来；二是要以国家的兴衰为己任，时刻将国家利益放在首位；三是要继承、弘扬中华民族的优秀传统文化。尚武精神的核心是爱国主义，既为社会发展繁荣提供了精神动力，又为国家和民族独立、拯救民族危亡提供了思想支撑。客体对国家的历史知识积累得越多，对现实状况了解得越多，对民族和国家的情感越深刻，自身的责任感、归属感也就越强，爱国也会逐渐变成一种行为自觉。

培养科学的思维方式，是思想政治教育的重要任务。恩格斯指出，每一时代的理论思维，都是一种历史的产物。[①] 思维方式是主体思考和解决问题的思路、角度、方式和方法，是一种思维的整体程序与特定的思维活动形式。[②] 受主客观因素的影响，一定的思维方式总是一定历史时代的产物，是在一定实践基础上形成和发展的。其中，主观因素反映的是主体的状况，包括主体的认识水平、知识结构、经验与经历、价值观念等。生活中不断出现新的、深刻的问题，迫切要求主体去思考解决。主体积极地解决问题，可以保持思维方式的灵活与畅通，保持思维

---

① 中共中央马克思恩格斯列宁斯大林著作编译局. 马克思恩格斯选集：第3卷 [M]. 北京：人民出版社，1972：456.
② 刘进田. 马克思主义与现实研究 [M]. 西安：陕西人民出版社，2011：210.

的开放性和与时俱进的品格。尚武精神培育构建的认知体系，也正是与优化客体思维方式相关的主观因素。

三、集体记忆理论

集体记忆（Collective Memory）是社会心理学领域的一种范畴，由法国社会学家莫里斯·哈布瓦赫（Maurice Halbwachs）首次提出，以跟个人记忆区分开。哈布瓦赫是早期集体记忆研究的主要代表，认为所有记忆都受到集体、社会框架的影响和形塑。他在研究中阐述了三个方面的内容：强调记忆的集体性，离开了他人或集体，个体将无法记忆；集体记忆有助于传承历史文化传统；三是集体记忆与人的心灵密切相关。哈布瓦赫的集体记忆理论正确地看待"现在"与"过去"的关系，认为记忆是对过去的重构。哈布瓦赫谈及传承记忆的载体问题时，指出："集体记忆具有双重性质，它既是一种物质客体、物质现实，比如一尊塑像、一座纪念碑、空间中的一个地点；又是一种象征符号，或某种具有精神含义的东西、某种附着于并被强加在这种物质现实之上的为群体共享的东西。"①

保罗·康纳顿（Paul Connerton）用"社会记忆"来替代"集体记忆"的概念，强调记忆的社会性特质和习惯性特质。② 康纳顿更关注的是社会记忆的传递性和持续性，认为社会记忆是团体（群体）通过纪念仪式和身体实践等各种行为来传承的。康纳顿着重论述了保持和延续社会记忆的两种路径：纪念仪式和身体实践。③ 纪念仪式是形式的、具

---

① 莫里斯·哈布瓦赫. 论集体记忆 [M]. 毕然，郭金华，译. 上海：上海人民出版社，2002：335.
② 保罗·康纳顿. 社会如何记忆 [M]. 纳日碧力戈，译. 上海：上海人民出版社，2000.
③ 罗彩娟. 社会记忆散论 [J]. 广西民族师范学院学报，2011（12）：86-90.

体的，参与者在活动中赋予了其某种价值意义。纪念仪式的价值和意义不会仅局限于某个仪式的具体场合，它对于非仪式性行动及整个团体（群体）的生活都是有意义的，其作用在于可以把价值和意义融入参与者的全部生活之中。纪念仪式具有重复性。重复性意味着延续过去（用重复仪式来暗示对过去的延续，并明确宣称对过去的延续）。身体实践分为"体化实践"和"刻写实践"，就是参与者在回忆过去的时候，通过现在的举止重演过去来完成。二者的区别在于，"体化实践"完全离不开人的身体，"刻写实践"则可以独立于身体之外来完成记忆。

尚武精神可视作中华民族构建起来的中国人的集体记忆。中华民族由56个民族组成，有上下5000多年的历史文化记忆，涌现出无数可歌可泣的英雄人物，成为新时代培育客体学习的楷模。英雄人物展现出自强不息、刚健有为、不怕牺牲、勇于担当的尚武精神，传承着中华优秀传统文化、革命文化和社会主义先进文化的精髓。传承集体记忆，无论是"物质现实"还是"象征符号"，无论是纪念仪式，还是体化实践，都对强化尚武精神培育客体的情感有正向作用。习近平总书记指出："历史是最好的教科书，也是最好的清醒剂。中国人民对战争带来的苦难有着刻骨铭心的记忆，对和平有着孜孜不倦的追求。"① 革命和建设时期，中国共产党形成的长征精神、抗战精神、抗美援朝精神、改革开放精神都构建成为中华民族的集体记忆，对增强民族认同感、自信心有积极作用，使中华民族在历史动荡中走向统一。

---

① 习近平. 在纪念全民族抗战爆发七十七周年仪式上的讲话［N］. 人民日报，2014-07-08（2）.

四、意志教育理论

心理学认为，意志是根据一定目的，有计划地调节和支配自己的行为的心理现象。

意志行动具有目的性。意志行动效应的大小，与人的目的水平的高低和社会价值呈正相关。目的性越高尚、越远大、越有社会价值，意志水平表现就越高。[1] 意志行动与克服困难密切相关，克服困难的过程就是意志行动的过程。人的意志坚强与否、坚强程度如何，是以困难的性质和克服困难的难易程度来衡量的。[2]

意志教育内容包含立志教育、强志教育和固志教育。[3] 人的意志品质通过引导目标、鼓励自信心、培养毅力等过程得以初步形成，也即立志教育的基本过程。强志教育就是主体通过理想信念教育、环境的熏陶，在认清和把握意志形成的心理基础上，强化对意志的教育，以防止出现意志弱化现象。固志教育就是通过生产实践活动磨砺意志品质，通过社会交往活动引导意志行为，最终在实践活动中实现意志自由。

意志教育规律表现在志气合一、内外兼修、知行统一和群己互砺四个方面。[4] 志气合一，即通过立大志促强志，倡导实行磨难教育，培养坚强意志。内外兼修，即既要注重正心、克己、有恒、慎独的内心修炼，又要重视外在的身体磨炼。知行统一，即坚持自律与他律的统一、矢志与笃行的统一。他律对人们的意志行为具有外在的导向作用，自律

---

[1] 袁秋菊，高慧. 组织行为学 [M]. 北京：首都经济贸易大学出版社，2015：77.
[2] 张洪涛，冯宪萍. 潜能与成长：大学生心理健康教育 [M]. 济南：山东人民出版社，2013：167.
[3] 周勇. 意志教育论 [D]. 武汉：武汉大学，2010.
[4] 张洪涛，冯宪萍. 潜能与成长：大学生心理健康教育 [M]. 济南：山东人民出版社，2013：6.

是人将理想信念内化为意志品质的力量。矢志表示永远不变心，笃行使所学得以落实。群己互砥就是坚持自我磨砺，注重群体砥砺，实现群己互砥。

意志教育的方法，是为了达到培养人的坚强意志而采用的手段和方式。周勇总结了激励法、磨砺法、锻炼法和竞争法等意志教育常用的几种方法。① 其中，激励法包括理想激励、情感激励和榜样激励，磨砺法包括苦难磨砺和挫折磨砺，锻炼法包括劳动锻炼、体育锻炼、军政训练，竞争法包括公平竞争、全面竞争和持续竞争等。

尚武精神以爱国主义为核心，以维护国家安全、维系社会公正为目的，是新时代实现中华民族伟大复兴中国梦不可或缺的精神力量，其内涵丰富，社会价值和意义重大。意志品质是尚武精神构成的重要元素。意志教育理论为尚武精神培育的原则与路径提供了理论参照，具有现实的指导意义。

第三节　文化底蕴

中华民族在 5000 多年文明发展中创造的中华道德文明，是中华民族独特的伦理精神标志，是激励中国人民树立高度文化自信和文化自觉的精神力量。深刻理解中华道德文明的科学内涵和时代意义，对于深刻认识"武"具有重要而深远的意义，人类文明新形态实践场域中"尚武"的目标指向和价值旨归也就显而易见，中华民族独特的价值追求

---

① 张洪涛，冯宪萍. 潜能与成长：大学生心理健康教育［M］. 济南：山东人民出版社，2013：6.

和伦理精神也就能够牢牢铸就。

儒、墨、道、法等诸子百家都特别关心和深刻思考战争活动，他们从各自的立场出发，围绕诸如"礼制""法制""王道""霸道""合纵""连横"等议题，深刻阐述了大量有较高理论层次的军事思想，可被认为是对社会尚武意识的归纳和总结。统治者也注重国民尚武精神的培养，重视勇武之士，制定军功爵制，用爵禄赏赐来鼓励人民从事战争，并将之立法使其成为国民都必须遵守的法律。

孔子教育理念讲究文武兼修。"夫仁者，己欲立而立人，己欲达而达人。""己所不欲，勿施于人。"儒家的"仁者爱人"思想，生动地勾勒了中国人的"和善"心性，体现着"推己及人"的道德境界。"以不教民战，是谓弃之。"① 孔子作为中国最著名的思想家、教育家，他在教育过程中，将射御之术当作与礼乐教化同等重要的内容。《孔子家语·观乡射》就记载有孔子教射的内容。孔子认为，"射御足力则贤"②，把军事技能优劣，作为评判一个人是否贤能的标准。

兵家蕴含着特有的尚武精神培育思想。何良臣的《阵纪·教练》指出："兵无胆气，虽精勇无所用也。故善练兵者，必练兵之胆气。"③ "古代作战是面对面地刀枪拼杀，胆气不壮，必心怯手软，一切武艺均难以发挥。故而平日在各种训练中必须强调练胆气，……这种训练必须和其他方面的操练结合才行。"④ 近代著名军事学家蒋百里同蔡锷等人共同倡导军国民教育。他将军人精神教育分为爱国心、公德心、名誉心、素质与忍耐力四部分，以各种形式宣传"尚武"精神，主张军队

---

① 林定川. 孔子语录 ［M］. 杭州：浙江工商大学出版社，2015：236.
② 左丘明，韦昭. 国语 ［M］. 上海：上海古籍出版社，2015：332.
③ 曹守和. 浙江体育史 ［M］. 杭州：杭州出版社，2014：255.
④ 袁庭栋. 解密中国古代军队 ［M］. 济南：山东画报出版社，2007：76.

与学校联系，变学校为军队，使社会组织军队化，以加强社会群体的军人精神教育。①

中华优秀文化浸润着华夏赤子的报国信念。在中国传统军事文化的厚重积淀中，"当须徇忠义，身死报国恩""僵卧孤村不自哀，尚思为国戍轮台""苟利国家生死以，岂因祸福避趋之""死去原知万事空，但悲不见九州同"等诗句，饱含着先人圣哲为国家和民族舍生取义的拳拳之心，饱含着"天下一统，四海靖宁"的精神寄托，饱含着"人生自古谁无死，留取丹心照汗青"的爱国之情，饱含着"天下兴亡，匹夫有责"的报国之志，荡气回肠，激扬奋进，随时代发展而升华，被广泛认同而传承至今。

中华优秀文化濡染着帝王文人的治国理念。《尚书》记载："曰若稽古，帝尧曰放勋，钦明文思安安，允恭克让，光被四表，格于上下。克明俊德，以亲九族；九族既睦，平章百姓；百姓昭明，协和万邦。"②纵观中国历史上的历次太平盛世，文治武功成就斐然，崇文尚武蔚然成风，历来主张"内修文德，外治武备"，传承着"以武为植，以文为种，武为表，文为里"③ "恃武者灭，恃文者亡"④ "有文事者必有武备，有武事者必有文备"⑤ "文不能治，以战续之"⑥ 等大战略思想。文与武，相辅相成，相得益彰，"无文武不长，无武文不生"，文武结

①　靳明全. 攻玉论：关于 20 世纪初期中国军界留日生的研究 [M]. 重庆：重庆出版社，2001：93.

②　十三经注疏整理委员会. 十三经注疏：尚书正义 [M]. 北京：北京大学出版社，2000：25-28.

③　高占祥，朱自强，张德林，等. 中国文化大百科全书历史卷：上卷 [M]. 长春：长春出版社，1994：77.

④　孙武. 孙子兵法：中国军事第一书典藏版 [M]. 北京：中国画报出版社，2012：5.

⑤　何新. 孔子圣迹图 [M]. 北京：中国书店出版社，2012：47.

⑥　张明仓. 军事价值论 [M]. 昆明：云南人民出版社，2004：90.

合方能长治久安。"和合"成为中国传统社会的重要价值理念。在中国人的血脉中，作为道德的"善"同作为社会价值理念的"和"相辅相成、融为一体。"善"是"和"的基础，是"和"实现的道德支撑；"和"制约、规定着"善"，是"善"的价值引领和目标指向。中华民族"和善"的心性，既是对人的态度，也充溢了天下为公的道义情怀。

第四节　高校示范

我国高等军事院校或有军工背景的高校普遍重视尚武精神和尚武文化的培育。这些高校重视结合自身创立和发展历史，寻找尚武精神与本校发展史的结合点，着力提升尚武精神在校园文化中的显示度。校风、校训便是集中体现之一。校风、校训是一所高校多年办学理念的积淀，是高校精神品格的集中体现，是全校师生共同遵守的基本行为准则与道德规范，为高校开展尚武精神培育提供了弥足珍贵的文化环境。可从高等军事院校和具有军工背景的高校的校风、校训窥见一斑，研究和总结其关于精神培育的先进理念，对传承和培育尚武精神有积极意义。在此，本研究列举国防科学技术大学、空军工程大学、西北工业大学、北京航空航天大学等高校的先进培育理念。

国防科学技术大学是全军综合性大学，隶属中央军委领导，担负着培养高级科学和工程技术人才与指挥人才的重要使命与艰巨任务。在精神培育方面，学校发挥马克思主义理论的铸魂育人功能，发扬我军的优良传统与当代革命军人的核心价值观，坚持用中华优秀文化引领校园文化建设，塑造共同精神追求，传承"哈军工"优良传统，孕育了"胸怀祖国、团结协作、志在高峰、奋勇拼搏"的"银河精神"① 和"天河"创新文化，凝练了"厚德博学、强军兴国"的校训，培育了"忠诚、严格、科学、勤奋、文明"的校风。在实践养成方面，国防科学技术大学实施新学员入学入伍军政基础强化训练，按照部队建制组建新兵训练旅。为激励在校青年的血性虎气，锤炼他们的钢铁意志，学校每年组织"强军杯"军事比武竞赛，组织实施军事素质特长和体育特长提升计划，激励学员挑战极限、超越自我。学校还专门组织教学力量，提供格斗、搏击、射击、定向越野、武术、潜水等多项课外辅导训练，提升青年综合素质。学校近年来，坚持举办各类大型科技文化节，组织开展"强军风采"系列活动和优秀毕业学员事迹报告会，实施高雅艺术进校园工程，多措并举，激励在校青年矢志强军、成长成才。

空军工程大学是全军重点建设的五所综合大学之一，是空军专业技术最高学府。多年来，空军工程大学形成了"忠诚、尚武、笃行、卓越"的校训，集中体现了爱党忠诚、精武强能、知行合一、追求一流的文化底蕴。"忠诚"是党对军队的最高政治要求，是全军官兵的最高行为准则。全校官兵铸牢"军魂"意识，坚定信党、爱党、跟党走的信念，始终不渝地坚持党的绝对领导，确保政治上、思想上、行动上同党中央保持高度一致，做让党放心的忠诚战士。"尚武"既是我军的优良传统，也是军人履行使命、责任的必然要求，又是豪气、志气、阳刚之气的集中体现。全校官兵积极投入中国特色军事改革中，立足本职岗位，刻苦学习军事知识和技能，加强精武强能实践锻炼，全面提高综合素质，为建设信息化军队、打赢信息化战争贡献力量。"笃行"即要求

① 王握文. 从"银河"到"天河"：国防科技大学计算机学院弘扬"银河精神"闻思录［N］. 解放军报，2017-08-24（12）.

青年求真务实，身体力行，不尚空谈，乐于奉献，将知与行、理论与实践、认识世界与改造世界统一，在实践中展现坚韧不拔的品格，通过脚踏实地的行动实现自己的远大抱负。"卓越"既是空军工程大学多年来建设发展历程的生动写照，也是全校师生永不停息的奋斗目标和精神支柱。它展示的正是一种一往无前、不懈进取、只争朝夕、开拓创新的动力和活力。①

西北工业大学秉承"公诚勇毅"的校训，传承和弘扬"扎根西北、献身国防、艰苦奋斗、报效祖国"的精神，发扬"基础扎实、工作踏实、作风朴实、开拓创新"的"三实一新"校风，扎根西部、献身国防，书写了新中国高等教育历史上多个"第一"。"公"即公为天下、报效祖国，"诚"即诚实守信、襟怀坦荡，"勇"即勇猛精进、敢为人先，"毅"即毅然果决、坚韧不拔。② 西北工业大学将"公诚"定向为为人处世的准则，"勇毅"明确为探求真理的精神。西北工业大学致力于培养胸怀国家的赤子情怀、敢于担当的精神气概、求真务实的人格风貌和大爱至善的执着追求。

"艰苦朴素、勤奋好学、全面发展、勇于创新"的校风是北京航空航天大学几代人努力培育的结果。"艰苦朴素"表现为艰苦创业，脚踏实地，朴实无华，扎扎实实，行胜于言；"勤奋好学"表现为勤奋努力，刻苦钻研，热爱科学，孜孜不倦，追求真理；"全面发展"表现为德才兼备，品学兼优，知行合一，突出素质，认真做人、做事、做学问；"勇于创新"表现为勇于探索、不断攀登、敢为人先、百折不挠、止于至善。③

---

① 空军工程大学——校风 http：//www. afeu. cn/xyfc2/xyfc. htm.
② 西北工业大学——校训 http：//z. nwpu. edu. cn/info/1225/6312. htm.
③ 北京航空航天大学——校风 https：//www. buaa. edu. cn/bhgk/jrbh/bhxf. htm.

小　结

尚武精神研究、培育、实践应当遵循精神生成和发展的一般规律。经典作家关于精神生产与物质生产关系的思想、关于精神演变与发展的思想、关于精神反作用的思想、关于精神实践性的思想、关于灌输的理论，以及以几代中国共产党人关于精神培育的思想为尚武精神培育提供了世界观与方法论基础；思想政治教育学结构论、目的论、集体记忆理论、意志教育理论等为尚武精神培育提供了坚实的学理基础；中华优秀传统文化中关于尚武精神培育的思想为尚武精神培育提供了理论滋养；军事院校和有军工背景的地方高校为尚武精神培育提供了使其上升为教育理念的教育实践经验。这些都为本研究提供了深厚的理论依据。

第四章　尚武精神要素结构模型建构

基于上一章对尚武精神本质、特征、价值、新时代意蕴的研究，本章以思想政治教育过程论为理论指导，尝试构建新时代青年尚武精神要素结构模型，从而为构建青年尚武精神培育体系提供系统参照。

第一节　尚武精神培育过程理论阐释

现代思想政治教育学认为，思想品德是人们在正确思想指导下，表现出来的比较稳定的心理特点、思想倾向和行为习惯等。思想品德是一个多要素的综合系统，其结构十分复杂。思想品德的结构具有立体性，由心理、思想和行为三个子系统构成，每个系统的具体要素又相互联结，形成了具有稳定倾向性的多维立体结构。

心理子系统包括认识、情感、意志、信念等因素。人的思想品德是在一定心理因素基础上形成的。首先，心理因素是人的思想品德形成的发端，知、情、意、信等心理因素的运动变化与思想品德的形成密切相关。其次，心理因素是人的思想品德形成的条件。人的思想品德是社会环境因素和人的主观能动因素（如兴趣、性格、气质、态度等）交互作用的产物。最后，心理因素是人的思想品德形成、发展的动力。知、情、意、信等心理因素在需要引发动机的过程中起着加速或缓冲的作用，会影响需要发展的方向及强度，左右动机的性质。而人的行为又要受到动机的支配，因此，从某种意义上讲，良好的心理因素是人们形成高尚思想品德的基础，为人的思想品德的完善提供动力。

行为是人的思想品德的外显形式。行为在思想品德结构中具有相对独立的位置。首先，行为是人的思想品德的外在标志。一个人的行为表现往往综合地反映其思想品德的面貌。其次，行为习惯是人的思想品德的客观内容。一定的行为持续不断反复进行，就会成为习惯，而习惯就集中地表现出一个人的思想品德面貌。最后，培养良好的思想品德行为及习惯是思想政治教育的最终目的。思想政治教育对人们的思想品德认识、情感、意志、信念的培养，最终要落实到品德行为和行为习惯上。因而必须将人的品德行为的引导、行为习惯的培养纳入思想政治教育过程中。

人的思想政治素质是在客观外界条件的影响下，通过自身作用逐渐形成和发展的。其内在机制一般包括两个转化：一是内化机制，即培育主体要将社会所要求的价值观念、政治观点、道德规范内化为客体的思想政治意识；二是外化机制，即将培育客体的思想政治意识外化为培育主体所预期的相应的行为和行为习惯。[①]

人的思想品德的生成规律一般是遵循"心理—思想—行为"的顺

---

① 张耀灿，郑永廷，吴潜涛，等. 现代思想政治教育学［M］. 北京：人民出版社，2007：331-334.

序，实现从简单到复杂、从低级到高级、从不完善到完善的发展过程。① 人的思想品德总是要经过先形成思想品德认识，再转化为相应思想品德行为的过程。在这个过程中，一定的品德认识需要经过情感、信念、意志的催化作用，才能转化为相应的品德行为。这一过程可以概括为，在一定外界环境因素影响下，人们内在的知、情、意、信、行诸要素辩证运动、均衡发展的过程。②

依据上述原理，本研究将尚武精神结构要素分为认知要素、情感要素、意志要素、行为要素四类。尚武精神培育，从思想政治教育学角度讲，就是培育主体有计划、有目的，通过一定方式、手段促使客体尚武精神生成和发展的过程。这一过程遵循思想品德形成、发展的一般规律，呈现"认知建构—情感培育—意志培养—行为生成"轨迹。

一、尚武精神的认知要素

认知是人最基本的心理过程，是行为及行为习惯的先导，是把一定社会的思想品德原则、规范转化为个体思想品德行为和习惯的基础和前提。③ 缺乏正确的认知，就难以产生符合社会规范的品德行为。对尚武精神的认知是人们对尚武精神的理论、原则、规范的理解和认识。基于此，尚武精神培育主体要引导培育客体生成尚武精神，并外显为良好的精神品质和行为，就必须使客体掌握正确的知识体系，帮助客体提高相应的认知能力，形成科学的思维方式。

---

① 李超民. 三维运动发展模型：对思想品德多维立体结构的探讨 [J]. 社科纵横，2014 (1)：166-169.
② 刘新庚，韩慧莉. 公民思想道德建设的模式结构及其运行机理 [J]. 山东社会科学，2012 (11)：124-127+154.
③ 刘新庚，韩慧莉. 公民思想道德建设的模式结构及其运行机理 [J]. 山东社会科学，2012 (11)：124-127+154.

1. 关涉国家的认知要素

国家是由领土、民族、文化和政府四个要素组成的。关涉国家的认知包括国家领土是否完整、民族是否团结、文化是否被认同、政府是否有独立主权等方面的知识体系。

领土主权是一个国家在确定的领陆、领水、领空等领土范围内行使主权，包括对领土范围内的一切人物事行使管辖权和对领土内的资源享有永久的所有权。民族关系是各民族之间在政治、经济、文化、语言等方面的相互关系，是具有特定内涵的特殊的社会关系，是涉及民族这个社会共同体的地位和待遇、权力和利益、民族及其成员的民族意识和感情的社会关系。文化认同是本国人民对自身文化的强烈赞同与认可，是本国区别于世界其他民族的独特标志，通过共同的价值观念与行为方式产生强烈的民族凝聚力，保证民族在激烈的国际竞争中立于不败之地。反之，一旦丧失文化认同，民族的凝聚力就会消失殆尽，足以瓦解一国的政治制度。国家主权指一个国家能够独立自主地处理国际和国内事务，而非受其他国家限制和干预。

新时代，我们面临着诸如5000多年的优秀文化被冲击、社会主义制度被否定、主权领土被威胁的重大挑战，面临诸如国家被侵略、被颠覆、被分裂，改革发展稳定大局被破坏，中国特色社会主义进程被打断等重大风险。我国还面临着恐怖主义、跨国犯罪、环境污染、自然灾害、严重传染性疾病等非传统安全威胁。国防强，国家盛；国防弱，国家衰，甚至遭受巨大的灾难。

习近平总书记指出，当前我国国家安全内涵和外延比历史上任何时候都要丰富，时空领域比历史上任何时候都要宽广，内外因素比历史上任何时候都要复杂，必须坚持总体国家安全观，统筹内部安全和外部安全、国土安全和国民安全、传统安全和非传统安全、生存安全和发展安全、自身安全和共同安全，走中国特色国家安全道路。①

2. 关涉社会的认知要素

马克思主义认为，社会是人们在劳动过程中形成的各种社会关系的总和，是人类生活的共同体。关涉社会的认知应包括社会关系现状如何、社会关系如何营造等相关知识。新时代，我国正在倡导构建以民主法治、公平正义、诚信友爱、充满活力、安定有序、人与自然和谐相处为特征的社会主义和谐社会。社会主义核心价值观倡导的是富强、民主、文明、和谐，自由、平等、公正、法治，爱国、敬业、诚信、友善，为全社会各阶层成员共同接受，在全社会形成共同的理想信念、强大的精神力量。

公正法治是社会成员对美好社会的向往，是社会主义核心价值观在社会层面的价值取向，是凝聚人心，实现心理认同，促进共同奋斗的价值导向。公正即社会公平和正义，它的核心是保证人的自由平等权利的获得。法治是治国理政的基本方式，通过健全的法律体系和法律制度，实现依法治国，来维护和保障公民的根本利益。社会主义核心价值观是凝聚人心的"最大公约数"，是国家、社会、个人三个层面价值观的共识。涵养和践行社会主义核心价值观能够为全面建成小康社会提供强大的精神动力，为实现中华民族伟大复兴的中国梦提供思想保障。培育客体充分认识个体与社会的关系，形成作为社会一员，担当社会责任、维护社会正义是履行义务应有之义的认知。

---

① 中共中央组织部干部教育局，中国法学会研究部. 领导干部法治读本 ［M］. 北京：党建读物出版社，2016：143.

3. 关涉个人的认知要素

关涉个人的认知是客体对自身的认识和评价，包括对自身的感知、思维、性格、意向等方面的自我审视，也包括对自己的想法、期望、行为及人格特征方面的判断与评估在内的自我评价。关涉自我认知涉及自我同一性、自立自强意识等方面的知识体系。

自我同一性，是客体同一性的人格化，是需要、情感、能力、目标、价值观等特质整合为统一的人格框架，即具有自我一致的情感与态度、自我贯通的需要和能力、自我恒定的目标和信仰。[①]

自立就是靠自己的劳动生活，不依赖他人；自强就是不安于现状，勤奋进取，依靠自己的努力不断向上[②]；自信，是对自身力量的确信，深信自己能做成某件事，实现所追求的目标；自尊是个人基于自我评价产生和形成的一种自重、自爱、自我尊重，并要求受到他人、集体和社会尊重的情感体验。自立自强、自信自尊是中华民族的优秀品质，也是中国传统文化中倡导的人格品质。自强自立对于完善客体人格、促进客体与社会发展具有重大意义。

自我同一性，自尊自信、自立自强都体现了新时代尚武精神培育关涉个人层面认知要素的要求。

二、尚武精神的情感要素

情感是人关于客观事物能否符合个人需要而产生的态度体验。情感是一种非智力因素，是认知转化为行为的催化剂。一般说来，情感是基于认识而产生和发展的，对人的行为有着直接影响。人们的某一活动或

---

① 卞西春，李淑娜. 大学生心理健康教育 [M]. 济南：山东人民出版社，2014：33.
② 叶蓓，舒闻铭. 困境人员心理援助手册 [M]. 北京：中国经济出版社，2014：256.

事物有没有感情，有什么样的感情，与选择这一活动或事物的态度和行为密切相关。尚武精神的情感要素对客体尚武精神生成和发展起着催化和强化作用。

1. 关涉国家的情感要素

关涉国家的情感要素是指尚武精神培育客体对国家的情怀，表现为有强烈的社会责任感，重道义、勇担当。家国情怀便是其中之一。家国情怀是客体对国家责任意识和担当意识的集中表现，其基本内涵是情系苍生、心怀天下，从国家、民族、社会未来、人类命运的宏大格局出发，调整自己的思想、实践。经典格言如"修身、齐家、治国、平天下"，"先天下之忧而忧，后天下之乐而乐""为天地立心，为生民立命，为往圣继绝学，为万世开太平""天下兴亡，匹夫有责"，等等，都是对中华儿女家国情怀的描述。

爱国是个人对自己土地、国家、民族和文化的归属感、认同感，是一种源自内心的质朴情感。培育客体生成了高尚的爱国主义情愫、爱国主义情怀，才能自觉地把个人的前途命运与国家富强、民族振兴、社会发展紧密地融合在一起，才会关心、关注国家安全、国家主权领土完整，关注国家在国际舞台的地位和外交事业的发展，热爱国防建设，拥护军队建设。爱国主义是中华民族的优良传统，近代以来，爱国主义与社会主义紧密结合在一起，民众以振兴中华为己任，自觉报效祖国。习近平总书记在颁发"中国人民抗日战争胜利 70 周年"纪念章仪式上的讲话中高度赞扬了中华儿女的爱国主义情怀："在中国共产党倡导建立的抗日民族统一战线旗帜下，海内外中华儿女以强烈的家国情怀，空前团结起来，争先投入保家卫国的伟大斗争之中，形成了人民战争的汪洋大海，谱写下惊天地、泣鬼神的爱国主义篇章。"①

2. 关涉社会的情感要素

关涉社会的情感要素应该包括崇尚公平、追求社会正义等。公正即社会公平和正义，是国家、社会、个人应然的根本价值理念。它的核心是保证人的自由平等权利的获得。崇尚公平、伸张正义是客体对社会的正向情感表达。

社会主义和谐社会的主要特征就是"民主法治、公平正义、诚信友爱、充满活力、安定有序、人与自然和谐相处"。法治是治国理政的基本方式，是现代社会的一个基本框架。大到国家的政体，小到个人的言行，都需要在法治的框架中运行。

3. 关涉个人的情感要素

关涉个人的情感要素包括自尊、自信和崇拜取向（对象）。"自尊是'成为人'的意识，是个体以人的类本质，即以自由的有意识的活动为标准进行自我评价活动的结果。"② 自尊包含了自信、自爱、自重，并希望受到他人和社会尊重的情感体验。对主体进行肯定性评价，能使人自强不息，并注意维护人格的尊严。丧失自尊心则会使人自轻自卑，甚至自暴自弃，走向堕落或犯罪。自尊可使客体经常产生自豪感、优越感，进而形成稳定的情绪倾向和性格特征。

崇拜是个体对自身、他人以及某外界事物所具有的高度的尊重、钦佩与信任。英雄崇拜，体现了客体对英雄人物高度的情感认同和价值认同，它在潜移默化中影响着客体的行为方式。军人是保家卫国的重要力量，是爱国主义和革命英雄主义精神的传承者和弘扬者。崇拜军人，就

---

① 习近平在纪念中国人民抗日战争暨世界反法西斯战争胜利 70 周年系列活动上的讲话［M］. 北京：人民出版社，2015：16-17.

② 贺平海. 论自尊与自由［D］. 上海：上海大学，2010.

是对爱国主义和革命英雄主义的接纳、传承与弘扬。

三、尚武精神的意志要素

意志是人们在实现预定目标的过程中，自觉地调节支配自身的行动，克服困难和排除障碍的毅力。意志是体现认知，并调节行为的重要精神力量，是产生行为的杠杆。坚强的意志能促使人们坚持一定的行为进而形成习惯。尚武精神的意志要素，对尚武精神生成起着控制和调节作用。

1. 关涉国家的意志要素

关涉国家的意志要素是尚武精神指向国家的意志品质，包括精忠爱国、赤胆忠心、舍生取义等。实现国家理想需要有坚强的意志，要把美好的理想变为现实，在主观条件上，理想的实现需要坚定的信念、顽强的意志和自觉的责任。特别是当中华民族处于危急存亡之际，中华儿女团结起来，众志成城，英勇无畏地反对帝国主义的侵略和封建主义的压迫，抛头颅、洒热血也在所不惜。中华儿女的爱国意志在漫长的历史发展中不断积淀，逐步形成了对国家的深厚情感，形成了爱国、报国的浩然正气和民族气节。这种精忠报国的爱国主义情怀增加了中华民族的凝聚力、向心力、感召力，是和平时期推动民族发展、战争时期实现国家安定的精神力量。

2. 关涉社会的意志要素

关涉社会的意志要素是尚武精神指向社会的意志品质，包括维护正义、守正护法等。意志要素体现出意志的坚决性，形式上可表现为忠勇公正、见义勇为、敢于担当等。正义是一种维护某种秩序的行为。这种行为可以是某人的思维，可以是某人的行动，也可以是某种表述出来的评判标准。

3. 关涉个人的意志要素

关涉个人的意志要素是尚武精神指向个体的意志品质，包括意志坚定、自强不息、坚强不屈、刚毅坚卓、坚韧不拔、百折不挠等。它摒弃胸无大志、唯唯诺诺、自暴自弃、猥琐、精神萎靡等负面状态。

四、尚武精神的行为要素

行为是人们在认识、情感、意志和信念的支配下表现出来的外显活动。思想品德行为是一个人思想品德的外在表现和综合反映，是评价一个人思想品德高下的重要尺度。良好行为习惯形成后，可以促进情感的培育、意志的锻炼和信念的养成。正如印度古谚语说的：播种行为，就收获习惯；播种习惯，就收获性格；播种性格，就收获命运。尚武精神行为要素外化为具体行为或行为习惯时，标志着客体尚武精神的生成和发展。

1. 关涉国家的行为要素

关涉国家的行为要素，是尚武精神指向国家的行为或行为取向，是促使客体基于独立安全的认知，通过家国情怀的情感要素和精忠爱国的意志要素的催化，表现出的忠勇报国、投笔从戎（携笔从戎）、献身国防等行为或行为取向。

2. 关涉社会的行为要素

关涉社会的行为要素，是尚武精神指向社会的行为或行为取向，是促使客体基于公正法治的认知，通过崇尚正义的情感要素和坚持正义的意志要素的催化，最终表现出的匡扶正义、见义勇为等行为或行为取向。

3. 关涉个人的行为要素

关涉个人的行为要素，是尚武精神指向个体的行为或行为取向，是促使客体基于自我的认知，通过情感要素与意志要素的催化，最终生成行为或产生某种行为倾向的要素。

第二节 尚武精神要素结构模型

基于尚武精神要素的解析，本研究以知、情、意、行四个维度为横轴，国家、社会、个人三个层次为纵轴，构建出 3×4 的结构矩阵模型。每个结构要素中选择一个最核心的元素或概念，并作为尚武精神的"认知培育目标""情感培育目标""意志培育目标""行为培育目标"。需要重点说明的是，此处的知、情、意、行不是国家（社会、个人）层面意义上的知、情、意、行，而是基于个体或群体尚武精神概念上的关涉国家（社会、个人）层面的认知、情感、意志和行为，强调的是意识和行为上的"指向性"。

表 4-1 尚武精神要素结构矩阵

	认知要素	情感要素	意志要素	行为要素
关涉个人层面	自立自强	英雄崇拜	自强不息	刚健有为
关涉社会层面	公正法治	崇尚正义	坚持正义	匡扶正义
关涉国家层面	独立安全	家国情怀	精忠爱国	忠勇报国

一、要素模型的结构阐述

1. 认知维度阐释

在关涉个人层面的认知维度上，尚武精神培育就是要使培育客体形成以"自立自强"为核心要素的认知，包括自立自强、自我同一性等方面的认知与意识。目标是促使客体建立起与自我认知相关的自立自强、自我同一性等方面的知识体系、认知能力和思维方式。

在关涉社会层面的认知维度上，尚武精神培育就是要使培育客体形成以"公正法治"为核心要素的认知，包括社会正义方面的认知与意识、善恶是非方面的认知与意识、责任担当方面的认知与意识。目标是促使客体建立起与公平正义、是非善恶、责任担当等方面相关的知识体系、认知能力和思维方式。

在关涉国家层面的认知维度上，尚武精神培育就是要使培育客体形成以"独立安全"为核心要素的认知，包括国家安全方面的认知与意识、国家主权方面的认知与意识、国防建设方面的认知与意识。目标是促使客体建立起与现代国家安全、国家主权、国防建设等方面相关的知识体系、认知能力和思维方式。

2. 情感维度阐释

在关涉个人层面之情感维度上，尚武精神培育就是要使培养客体形成以"英雄崇拜"为核心要素的情感，包括崇武尚勇、英雄崇拜、军人崇拜等情感特质。

在关涉社会层面的情感维度上，尚武精神培育就是要使培养客体形成以"崇尚法治正义"为核心要素的情感，包括嫉恶向善、重义轻利等情感特质。

在关涉国家层面之情感维度上，尚武精神培育就是要使培养客体形成以"家国情怀"为核心要素的情感，包括爱国主义、爱军队、爱国防等情感特质。

3. 意志维度阐释

在关涉个人层面之意志维度上，尚武精神培育就是要引导客体形成以"自强不息"为核心的意志，包括坚韧不拔、锲而不舍等意志品质。

在关涉社会层面之意志维度上，尚武精神培育就是要引导客体形成以"坚持正义"为核心要素的意志，包括忠勇公正、敢于担当等意志品质。

在关涉国家层面之意志维度上，尚武精神培育就是要引导客体形成以"精忠爱国"为核心要素的意志，包括树立坚定的爱国志向等意志品质。

4. 行为维度阐释

在关涉个人层面之行为维度上，尚武精神培育就是要引导客体形成以"刚健有为"为核心的行为取向，包括敢于担当民族重任、从军报国、拥军固防等行为。

在关涉社会层面之行为维度上，尚武精神培育就是要引导客体形成以"匡扶正义"为核心的行为取向，包括守护社会法治公平正义、见义勇为等具体行为。

在关涉国家层面之行为维度上，尚武精神培育就是要引导客体形成以"忠勇报国"为核心的行为取向，包括投笔从戎、建设国防、维护国家安全等具体行为。

二、要素之间关系的阐释

尚武精神的认知要素、情感要素、意志要素、行为要素相互联系、相互渗透、相互制约、相互促进，形成统一体，共同构成了尚武精神的要素结构。尚武精神培育，就是主体有计划、有目的地通过一定的方式或手段，培育客体关于尚武精神认知、情感、意志和行为的过程。

认知要素是前提，情感要素又影响认知要素的转化，两者关系可表述为"以知育情、以情促知"。青年熟悉掌握与尚武精神生成和发展相关的知识体系，内化于心，有助于他们生成、发展或强化爱国情感及崇尚社会正义和崇拜英雄的情感。积极的、正向的情感体验可强化青年对国家安全、国防安全、社会安全、个人心理等方面知识体系的理解与认识，有助于青年形成科学的认知和思维方式。

情感要素和意志要素是尚武精神产生和发展的必要条件，以情育情，以情动人，以情导行。行为要素是认知要素、情感要素、意志要素的体现，反过来对认知要素、情感要素和意志要素有强化作用。这些要素有时在发展方向上并不一致，在发展水平上并不平衡，这种矛盾正是尚武精神培育的客观依据之一。尚武精神培育的过程，就是在培育作用的影响下，知、情、意、行要素相互作用、辩证发展，逐步达到发展方向上的一致和发展水平上的平衡的过程。

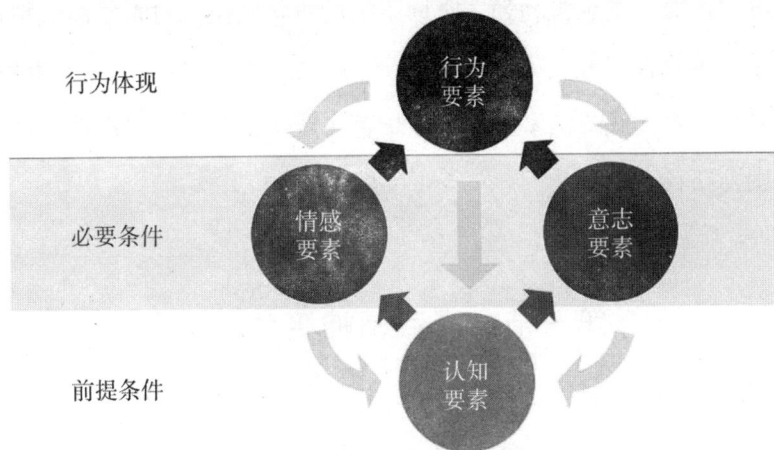

图 4-1　尚武精神要素关系模型

第五章　尚武精神培育策略

　　"社会主义现代化强国，不仅要在物质上强，更要在精神上强。精神上强，才是更持久、更深沉、更有力量的。"① 尚武精神是一个民族、一个国家自强不息、奋发向上的民族气质。尚武精神反映了一个民族的精神状态，并不是一个狭义的"崇尚武力"的概念。大凡处于上升、振兴时期的民族，其精神大抵呈现强悍、尚武的风格，反之则萎靡、文弱。高校青年是建设国家的栋梁之材，其肩负着未来民族兴衰的重任，国家发展需要一支生机勃勃、坚韧不拔的青年队伍。对青年尚武精神的培育是高等教育"软实力"建设重要的一环。本章以斯巴达、俄罗斯、日本、德国等民族或国家尚武精神培育实践为借鉴，提出尚武精神培育的原则与路径。

第一节　尚武精神培育借鉴

　　尚武精神作为一个社会存在的共同现象，因其所具有的重要功能与

---

　　① 习近平. 在纪念五四运动 100 周年大会上的讲话［N］. 人民日报，2021-05-01（02）.

价值，历来受各民族或国家的重视。斯巴达、俄罗斯、日本、德国等民族或国家尚武精神培育实践具有借鉴意义，我们当以人类发展和社会进步为标尺对其辩证分析。斯巴达人对希洛人的屠杀、第二次世界大战纳粹德国和日本盛行军国主义，都给人类历史带来了血腥灾难，对与之相关的尚武精神培育举措，我们应当进行批判性借鉴或吸收。

一、斯巴达尚武精神培育借鉴

斯巴达自公元前 7 世纪起，就成了全希腊武力最强大的城邦。斯巴达的一切教育活动都与军事紧密相关，其根本目的就是培养合格军人，维护城邦政治稳定。来库古改革继续推进斯巴达城邦军队战斗力建设，捍卫了斯巴达在古希腊的中心地位，连当时繁荣强盛的雅典城邦都感到畏惧。

斯巴达极为重视对男性公民的军事教育。为了训练出更为强大的军人，新生婴儿必须经过长老检查，只有身体健康的才会被留下，身体较为柔弱的婴儿便被丢弃于悬崖。在幼儿阶段，在家庭生活中，就开始训练孩子不怕黑暗、不哭闹的勇敢性格。斯巴达人通过孩子童年时期苛刻的训练方式锤炼他们坚韧不拔、英勇不屈的性格。[①] 孩子们 7 岁就必须离开家庭，编入连队，进行体育教育和军事训练，而省去了大量的文化教育内容。孩子们接受统一的锻炼与教养，如跑步、掷铁饼、投标枪、角力等；同时也进行军事训练，比如学习斗拳、击剑等。[②] 斯巴达少年的生活方式十分严酷，常年赤脚走路，穿粗朴的衣服，吃简单粗糙的食物。即使在寒冬，也只能睡在芦苇垫上，在冰冷的河里洗澡。男子长到

---

① 梁启超. 新民说 [M]. 张健，译. 北京：北京理工大学出版社，2016：215.
② 汪圣云. 斯巴达军事教育制度述论 [J]. 历史教学，2002（5）：55-56.

20 岁，到了成年时期，便正式成为军人，接受正规军事训练。军事训练的主要内容就是使用武器和操练步兵方阵。斯巴达人服役期特别长，从 20~60 岁，基本占据了生命的一大半时间。在漫长的服役期间，每个人都必须每日出操，参加军事训练。正是这种严格的军事训练，使每个男子都成为身体健壮、英勇善战的战士，保证了斯巴达军队的战斗力。斯巴达对女子的教育也非常严格。女子除学习诗歌、音乐、舞蹈之外，也必须接受各种体育锻炼，比如必须竞走、格斗、掷铁饼、投标枪。

二、俄罗斯尚武精神培育借鉴

俄罗斯民族以崇尚武力而著称，被称为"战斗民族"。历史上的连年战争，强化了俄罗斯人的尚武基因。俄罗斯注重发挥纪念碑、博物馆、英雄雕塑等文化载体的作用，持续激活民族历史的集体记忆，显出了对尚武精神重要支撑作用的深远考量。1995 年，即便在经济形势极其严峻的状况下，俄罗斯仍然不惜巨资修建了规模宏大的莫斯科卫国战争中央纪念馆。该馆以翔实的文字、丰富的图片资料和大量实物再现了卫国战争中的六次战役，真实展示了俄罗斯人的英勇无畏和不屈不挠，激发了俄罗斯人的英雄主义气概和爱国主义精神。

俄罗斯培育尚武精神的举措显现在国民教育体系中，最为典型的机制当属少年军校。少年军校制度纳入了俄军事院校体系，有着严格的申请、推荐和考试程序，俄罗斯人以将孩子送入少年军校为荣。在少年军校，孩子们其实就已经开始正规部队生活，进行射击、武装越野等项目训练；除学习基本文化课程外，还要掌握战术训练、队列作业、军事测绘、条例军规等军事知识；日常生活中锻造学员坚强意志，如常年用冷水擦洗上身、洗脚。少年军校招收 12~16 岁的军人子弟和优秀中学生，招生标准特别严格，经过严格的政治审查、体质检查、心理测试和笔试，成绩都达到相应标准后才会被录取。申请少年军校的青少年，须由父母或法定监护人提交申请，当地军事委员会提供相应证明，而且要有现役或退役军人作为推荐人。少年军校鼓励不足 12 岁的青少年参观军事俱乐部训练，普及军事基础知识，培育独立自主品质。

俄罗斯注重发挥文艺文学的渲染作用，强化营建培育尚武精神的社会氛围。在俄罗斯民族发展史的文学领域曾涌现出丰富的战争文学作品，诸如《伊戈尔远征记》《战争与和平》《铁流》《毁灭》等等。这些文学作品对民众思想产生了潜移默化的作用，显现了俄罗斯民族以"武"消除外患、追求和平、保卫国家、发展民族的美好向往。

三、日本尚武精神培育借鉴

尚武是日本大和民族精神的重要元素和培育传统。日本人创立著名兵书——《斗战经》，弘扬刚毅、战斗、武力、冲锋等品质。日本明治维新是其民族历史发展进程中可圈可点的重大历史事件，取得的国力辉煌蕴含着显性的尚武品质。日本右翼势力所持守的军国主义思想，是对传统"尚武"的歪曲利用，让包括中国在内的许多国家和地区饱受苦难，使人类社会发展走向缓滞，至今还留有残影，我们必须旗帜鲜明地予以抵制与反对。因此，对日本政府的有关举措必须审慎吸取。

日本政府重视学校意识形态教育。20 世纪 20 年代开始到第二次世界大战期间，日本严格实行"教育敕语"，反动军人或法西斯首脑直接控制了文部省的权力，使教育紧紧地服务于外侵战略。[①] 日本为了抵制

---

① 梁崇科，刘志选. 中外教育发展史 [M]. 西安：西安地图出版社，2003：220.

十月社会主义革命的影响和马列主义的传播，防范日本共产党对教师的影响，强迫广大教师参加"帝国教育会"等反动组织，并对教师进行严格监督，以便通过他们毒害与控制青少年学生。①

日本政府善于利用民众忧患意识。日本政府经常制造危机意识，竭力渲染各种威胁，借此统一国内舆论，增强凝聚力。冷战期间，日本政府制造舆论，强调面临来自苏联的威胁，为巩固日美军事同盟关系做辩护，也为扩大军备建设争取合理解释。冷战结束后，日本政府又炮制"朝鲜威胁论"，并借助系列事件渲染日本可能面临的安全困境，打着"自卫"的旗号增强军事力量，相应地调整军事政策、部队编制、武器装备等，促使国内民众对加强军备建设表示支持。

日本政府重视传承传统道德价值观。日本非常注重把传统文化中的忠孝意识、家庭观念等道德价值观与大和民族建设发展目标相结合，通过宣传各个时期的民族英雄的光辉事迹，弘扬日本发展的历史。日本文科省制定专门性指导文件《中学学习指导要领》，强调社会学科的积极指导意义，突出学生对于国民历史的学习以及公民素质的培养。在德育课程中，注重强化学生忠诚团结、积极进取、不畏艰难和无私奉献等精神。在实践教学中，通过多种途径和形式，提升学生的民族情感和公民责任感。

日本政府大幅提高军人待遇，提升军人职业荣誉感，大量吸纳民族精英填充自卫队力量。日本自卫队关注青少年兴趣，每年邀请大批青少年参观各种武器展示、军事演习活动，强化青少年的参军意识。如，陆上自卫队举办的富士山火力演习，航空自卫队的航空飞行表演，海上自

---

① 王天一，夏之莲，朱美玉，等. 外国教育史 [M]. 北京：北京师范大学出版社，2002：113-114.

卫队的海上阅兵式等。同时，自卫队还积极参与驻地的节日庆典、学校文体娱乐等活动，大到著名的札幌冰雪节、东京马拉松比赛，小到中学生运动会，均可看到自卫队活跃的影子。有材料显示，仅在2002年就有4.1万名青少年参加了自卫队音乐节活动，2.6万人参与了为期2~3天的军营生活体验活动。[①] 日本政府以军事博物馆为载体激扬尚武。日本军事博物馆建于1879年，第二次世界大战结束后废止。馆内陈列着从明治维新到第二次世界大战期间战死的"勇士"或所谓"军神"的遗书、遗像、遗物等，中央大厅及馆外广场展示了许多战车、古炮、特攻（敢死）队用的飞机和鱼雷等实物模型。[②] 1986年，日本重新修整复原军事博物馆，并免费向民众开放，其实质是对社会尚武传统的濡染与激活，为其形塑、铸牢军事强国的国际地位做社会渲染。

日本政府重视学生体育素质提升的方法应用。以跳远课程为例，学校对跳远的距离没有硬性规定，但每位学生要及时记录在课程期间的最好成绩，要求学生做到每一节课都比上次课跳得远一点，每一次课程都有所进步，每一次都能超越自己。学校还在冬天组织"冬季持久走大会"，动员全体学生参加，增强学生耐力。在体育课程设置上，从2011年开始，所有中学体育课必须增加"武道课"，包括空手道、柔道、少林拳法、剑道、相扑等，每个学校选择一种作为必修课。

四、德国尚武精神培育借鉴

德意志民族是一个有着尚武传统的民族。骑士精神流行于历史早期

---

① 王天一，夏之莲，朱美玉，等. 外国教育史 [M]. 北京：北京师范大学出版社，2002：113-114.

② 邀请参观军事演习 日本培养青少年尚武精神 [N]. 环球时报，2004-02-27.

上层阶级，呈现为习俗中常见的决斗活动。不论是普鲁士时期赢得外交辉煌的铁血政策，不论是促进德国战后迅速重建并快速发展的重要举措，乃至在思想教育领域对国民精神和身体品质的关切，还是在体育行业倡导的不放弃、不服输、团结一致、奋战到底拼搏精神的形塑，都显现了尚武精神在不同时期、不同领域、不同行业中的基因传承和多样形态。历史也告诫我们，德国尚武精神为纳粹主义所把持、为纳粹分子所误用，曾给世界人民带来过无可挽回的灾难，这对弘扬尚武精神具有警示意义。

1907 年《东方杂志》第 8 期刊文《论中国社会之缺点》指出："德人以铁血为主义，故其兵力于大陆称雄。"[1] 19 世纪，德国容克贵族长期把持军官职位，子弟全部从军，在军校接受全面正统的文化教育，优中择优。只有被树为全军楷模的人方可担任营、参谋部军官，成为全国人民光复国家和恢复军队往日辉煌的领导者。[2] 铁血宰相俾斯麦是普鲁士民族文化和精神的典型代表，竭力主张建立强大的武装，认为"国家在军事上的强大是决定这个国家价值的要素"。通过军队改革、军事训练，普鲁士军队取得了战场上的胜利，最终实现了德国的统一。普鲁士的尚武精神，例如忠诚、荣誉、服从、勇敢、勤奋、节俭、守时、廉洁等在不同历史时代和德国发展的不同历史阶段中都曾发挥了积极作用。后来，这一精神体系也被视为典型的德国民族精神。

第二次世界大战后，德国作为战败国，被苏联、美国、英国和法国分区占领。东部在苏联的支持下建立了德意志民主共和国，西部在美、英、法的支持下成立了德意志联邦共和国。面对战后满目疮痍、劳动力

---

① 林小美，等. 清末民初中国武术文化发展研究 [M]. 杭州：浙江大学出版社，2012：53.
② 彭永. 强军之道：世界军事革命史论 [M]. 长沙：湖南人民出版社，2013：188.

匮乏、工业基础被摧毁的局面，德国人民以惊人的毅力和创造力，发挥德意志民族顽强不屈和勤奋进取的精神，在废墟之上取得了重建的成功。前联邦德国总理阿登纳曾说：德国人民"深深地低着头，但没有消沉"。经过短短数十年的时间，联邦德国先后超越了欧洲经济大国英国和法国，成为世界第三大经济体。

德国尚武精神的传承还体现在对青少年教育事业的规划设计之中。从 1842 年起，德国就在中小学开设体育课，课程内容由最初的兵操、器械体操和游戏逐步扩展至现代体育关涉的众多项目。学校重视学生在体育中的乐趣，重视培养和形塑学生在克服困难过程中的精神养成。德国大学虽然没有体育课，但体育运动项目丰富多彩，包括健身体育、格斗体育等，对学生身体素质的提高和为国家竞技运动发展提供了重要的支持。德国是体育大国，推行全民体育，在全德国有 92433 个体育协会（2018 年数据）。各级各类体育协会组织会员进行训练和比赛，承担了提高全民身体素质的功能，延展了德国人积极向上、奋进拼搏的民族精神。德国在国际上也是团结合作、顽强拼搏精神的典型代表，曾 4 次获得足球世界杯冠军。德国重视运动对学前阶段儿童身心发展的作用，20世纪 90 年代开始建设"运动幼儿园"，以提高儿童的身体协调能力和身体素质，避免体重过重或过轻。

第二节　尚武精神培育的原则

青年尚武精神的培育原则，是培育主体根据客体知、情、意、行等维度的一般性规律，结合实践基础而制定且遵循的准则，关涉系统建构、正面教育、文化引领和实践教育等。

一、坚持系统建构，提升客体认知

系统建构原则包括多元培育主体的系统化，培育方式方法的系统化，与尚武精神相关知识体系的系统化，以及主体、客体、介体和环体等各要素关系的系统化。系统化建构意味着尚武精神培育主体参与的"全员"性和环体的"全方位"性，旨在提升青年对尚武精神的认知，促进青年形成科学的、符合新时代要求的思维方式。

在培育主体方面，尚武精神培育主体呈现多元化态势，涵盖了国家、学校、家庭、社区、社团组织及媒体等。培育目标的指向性决定了多元培育主体的系统化建构。上述培育主体因发挥作用形式不同，在青年群体中的认可度不一；同时，它们在价值塑造、行为影响、关系凝聚、价值导向、人心激励和精神支柱方面发挥的功能作用不一，在促进尚武精神形成和发展方面各有所长。第四章相关数据已有显示，在此不再赘述。

在方式方法层面，显性教育与隐性教育、集中教育与日常教育、理论教育与实践教育、自我教育与他人教育也要做到系统化运用。培育主体要针对不同年级、不同地域、不同性别青年对尚武精神认知的差异，采用切实有效的方法以体现出层次性和针对性，不搞一刀切。比如，学校主体须根据青年尚武精神认知程度来制定相应的教学目标、内容和手段。认知程度较高的学生，学校可以采用价值观引导的方法，鼓励青年进行自我教育，并且发挥其示范作用，引导其他学生见贤思齐；对于认知程度浅的学生，学校主体要运用灌输教育、榜样教育等能够被悦纳的方式。

在知识体系层面，培育主体要开展自我认识方面的心理健康教育、国防教育、国家安全教育、社会安全教育，构建起与培育目标相一致的系统化的知识结构体系。同时，尚武精神的知识体系要与时俱进，带有时代感，要切实反映新时代内涵，体现出强烈的发展意识和自觉创新意识。

主体、客体、介体和环体作为要素，共同构成了尚武精神培育系统。主体要切实统筹好介体和环体的作用协同，实现校园文化、社会实践等不同载体、不同资源的系统整合，如宣传见义勇为正能量、营造崇军尚武的社会氛围、发挥红色资源与爱国主义基地作用等，可有效凸显新时代青年尚武精神培育的实效性。

二、坚持正面教育，升华客体情感

林海亮研究认为，"正面教育原则"中的"正面"主要是指教育目标、教育方法的正面导向以及正面性，假恶丑教育与真善美教育都是正面教育不可或缺的组成部分。假恶丑教育能促进学生认知发展，培养学生控制和调节情感的能力，坚定学生追求真善美的意志，帮助学生把认知转换为行为，提高学生抵制假恶丑的能力，促进学生智慧的提升，弘扬学生的主体性以避免灌输。①

提高大众传媒教育宣传的有效性。新时代是建设全媒体的时代，是媒体融合的时代。如前所述，网络媒体已从单纯的介体角色上位至尚武精神培育的主体之一。主体要积极渲染营造尚武精神培育的氛围，大力弘扬展现英雄模范崇德尚武、见义勇为、坚韧勇敢、自强不息、刚健有

---

① 林海亮. 全面理解正面教育原则：略论假丑恶的教育意义［D］. 上海：华东师范大学，2010.

为品质的行为，做大做强提振全社会尚武精神的主流舆论，把那些充分体现维护国家安全、捍卫国家主权、维系社会正义、强化社会担当、提升个体自立自尊自强意识和意志品质的典型人物或群体、典型事件或重大活动呈现于青年群体，实现宣传效果的最大化和最优化。

构建完善的教学体系、教材体系、课程体系。高校要充分发挥思想政治教育、社会学、教育学、党史党建等相关学科优势，打造一批有助于推进尚武精神培育的精品课程，提升传播力、引导力、影响力、公信力，为青年尚武精神培育营造良好的文化氛围，提供重要的学术支持，积极发展各种互动式、服务式、体验式的学习环境，让更多的青年熟悉中华民族尚武精神的演进历程。高校在相关的教育实践活动中，突出尚武精神的知识教育与素养提升，坚持以弘扬爱国主义精神为核心，以忧患意识教育、英雄人物教育、自强不息意志教育和勇于担当行为教育为重点，富有针对性地开展精神培育活动，培育以天下为己任的家国情怀，引导青年在校期间积极传承尚武精神，立志报国，成才为民，将个人梦想融汇在国家富强、民族振兴、人民幸福的伟大梦想之中。

尚武精神培育主体也要正视见利忘义、不敢担当、唯唯诺诺、精神萎靡、部队逃兵、逃避军训等青年群体中表现出的假恶丑现象的存在，并将其视为一种教育资源。利用好这些反面教材、反面案例，将其与追求公平正义、勇于担当、刚劲有为、携笔从戎、家国情怀等积极行为表现形成鲜明比照，从而强化尚武精神的正能量，升华青年群体的"尚武"情感，充分发挥其在舆论上的导向作用、旗帜作用、引领作用。

三、坚持文化引领，锤炼客体意志

文化孕育精神，精神在文化的土壤内成长。文化具有滋养人、丰富人、发展人、提升人的功能，它以潜移默化、润物无声的方式浸润着青年群体心灵。注重文化引领，主动适应国内外新形势、新变化。十七届六中全会指出，当今世界正处在大发展、大变革、大调整时期，世界多极化、经济全球化深入发展，科学技术日新月异，各种思想文化交流、交融、交锋更加频繁，文化与经济、政治的联系日益紧密，文化在综合国力竞争中的地位和作用更加凸显，文化影响比以往任何时候都更加广泛而深刻。

注重文化引领，培养高度的文化自觉。文化是民族的血脉和灵魂，是国家繁荣振兴取之不尽、用之不竭的力量源泉。中华优秀传统文化、革命文化和社会主义先进文化为尚武精神培育提供了丰富的素材。中华优秀传统文化积淀着中华民族最深层的精神追求，革命文化和社会主义先进文化是中国共产党领导中国人民在长期的革命、建设和改革中形成的具有马克思主义精神特质的文化形态。① 中国共产党在革命斗争年代所形成的长征精神、抗日精神、抗美援朝精神，在建设和改革年代所形成的"两弹一星"精神、抗震救灾精神、改革开放精神以及遍及全国各个角落、各具地方特色的红色文化、先进集体与英雄人物等，蕴含着坚定的革命理想信念和丰富的爱国主义精神，具有感化心灵、精神引领的作用。② 高校开展党史、新中国史、改革开放史、社会主义发展史学习教育活动，都可作为培育新时代青年尚武精神的有效载体，显现出文化特有的引领功能。

意志品质的锤炼可在文化引领中获得。中华传统文化中无论是诸如

---

① 习近平. 在庆祝中国共产党成立 95 周年大会上的讲话 [N]. 人民日报，2021-04-16 (01).

② 革命文化是文化自信的重要资源 [EB/OL] [2017-02-09] http：//www. wenming. cn/ll _ pd/whjs/201702/t20170209_ 4047794. shtml.

"天行健，君子以自强不息""故天将降大任于是人也，必先苦其心志，劳其筋骨，饿其体肤，空乏其身，行拂乱其所为，所以动心忍性，增益其所不能"等名言，还是孙敬头悬梁、苏秦锥刺股的佳话，都充分展示了客体意志力培养的重要性和可能性。革命文化和社会主义先进文化中涌现出的各类精神，都蕴含着坚韧不拔、忠勇公正、敢于担当、精忠报国等尚武精神的意志品质要素。任何一所高校都有自己的传统和文化，文化建设是大学的重要任务，文化育人是大学人才培养的重要形式。我国高校以中华优秀传统文化、革命文化和社会主义先进文化为主要内容坚守，以合理借鉴西方国家高校先进文化为有益补充，建设具有中国特色的社会主义高校校园文化，既具有自主性，也具有充分的信心。①

四、坚持实践教育，引导客体行为

尚武精神形成的心理机制关涉国家、社会和个人层面的有关尚武精神认知、情感、意志等心理品质和行为。尚武精神的形成很大程度上取决于青年主体性的发挥，取决于青年对有关国家安全、国防安全、社会安全等方面知识的内化程度。因此，高校要立足于青年的动态性需求和发展的层次性，全面掌握青年群体思想接受程度和变化情况，及时调整尚武精神培育的内容和方法，以实践教育为载体引导青年的行为。

实践教育是一种由"虚"到"实"的过程，即促进认知水平和思维能力向外在行为转化的过程。② 实践教育，就是要求青年做到知行统

---

① 刘宏达，张春丽. 以文化自信引领大学生全面发展的时代价值、理论指导与实践要求 [J]. 社会主义核心价值观研究，2018（2）：51.

② 郝建民. 试论思想政治工作的"虚"与"实" [J]. 湖南师范大学社会科学学报，2001 （S1）：94-96.

一。尚武精神的核心是爱国主义。爱国主义教育要做到经常抓、反复抓，要贯穿到各有关教育和活动之中，使之真正成为中华民族凝聚力、向心力的源泉。有关革命英雄主义教育、民族自立自强精神教育、爱军习武方面的教育等，也都不是一蹴而就的，必须经过长期的不懈努力才能奏效。国防安全、国家安全、社会安全知识的涵盖面也非常广，要想掌握这些基本知识，并做到学以致用，既是理论学习的过程，又是具体实践的过程，更不可能一劳永逸。①

尊重培育客体的实际，通过加强实践教育，引导青年群体正面的、积极的情感体验和意志动机，激励和强化青年群体见义勇为、匡扶正义、敢于担当等行为。尚武精神培育要将社会现实与青年的成长成才紧密结合起来，避免脱离社会现实、脱离学生现实的空洞说教，努力将知识的普及、情感的培养、意志的培育结合起来，将个人成长、社会进步、国家复兴结合起来。保卫祖国、抵抗侵略是中华人民共和国每一个公民的神圣职责。携笔从戎是青年适应新时期国防和军队现代化建设需要的重要举动，是进一步优化兵员结构，提高部队战斗力，增添报国之心，坚定参军之志，熟悉军旅之情的重要举措，也是促进青年成长成才的重要渠道。青年朝气蓬勃、英姿飒爽的精神风貌，激励着青年勇担富国安邦的使命与责任，矢志不渝的理想信念、满怀责任的爱国情愫、激扬青春的奋斗志向将潜入青年的内心，根植青年思想的深处。

---

① 《山东国防教育之路》编委会. 山东国防教育之路：思想篇［M］. 北京：中国财政经济出版社，2001：427.

第三节　尚武精神培育的路径

新时代青年尚武精神培育，以尚武精神要素结构模型为参照，以认知、情感、意志和行为要素为培育目标，以认知建构、情感培育、意志培养、行为引导四个维度为路径，结合青年的心理特征及新时代青年尚武精神培育现状开展。

一、认知建构路径

青年只有准确把握尚武精神培育的内容体系，才能形成理性科学的认知，才能全面地培育尚武精神。青年群体在准确把握内容的基础上，提高自身素养和认知能力，形成科学的思维方式，自觉践行尚武精神。

1. 了解心理健康知识，提升自我认知意识

正确的自我认知是心理健康的表现。自我认知是青年群体对自身的认识和评价，包括对自己心理倾向、个性心理特征和心理过程的认识与评价。正是由于人具有自我认知的意识，因此人能对自己的思想和行为进行自我控制和调节，使自己形成完整的个性。自我认知是人对自己身心状态及对自己同客观世界的关系的意识。自我认知包括三个层次：对自己及其状态的认识；对自己肢体活动状态的认识；对自己思维、情感、意志等心理活动的认识。① 自我意识具有社会性、能动性和同一性等特征，同时具有自我导向、自我调控、自我反思的功能。青年群体应对自身形成正确的认识，树立健康的人格观，做到自尊自信、自立自

---

① 杜学森. 大学生就业指导 ［M］. 北京：中国劳动社会保障出版社，2015：23-24.

强、自我认同。

2. 了解社会安全知识，提升社会安全意识

当前国内社会存在许多风险因素和不利于稳定的因素，诸如群体性事件时有发生，"三农"问题没有根本解决，一些地方社会治安形势不容乐观，青年就业难问题，等等。加之我国特殊的地缘环境，分裂势力、境外敌对势力的渗透，对我国社会安全带来了消极影响。同时，改革攻坚期突破利益固化藩篱、清除体制性障碍，也潜伏着很多风险隐患，成为影响社会主义和谐社会建设的突出问题。

3. 了解国家安全知识，提升国家安全意识

习近平总书记围绕总体国家安全观发表了一系列重要论述，立意高远，内涵丰富，思想深邃，把我们党对国家安全的认识提升到了新的高度和境界，是指导新时代国家安全工作的强大思想武器。

国家安全包括11个方面的基本内容，即国民安全、领土安全、主权安全、政治安全、军事安全、经济安全、文化安全、科技安全、生态安全、信息安全和核安全。其中，政治安全攸关党和国家安危，是国家安全的根本。国土安全是立国之基。经济安全是国家安全的基础。社会安全与人民群众切身利益关系最密切，是人民群众安全感的晴雨表，是社会安定的风向标。和平稳定的国际环境和国际秩序是国家安全的重要保障。

中国政府将每年4月15日设为全民国家安全教育日。开展全民国家安全教育日活动，对培养新时代青年自觉投身国家安全的责任感、使命感，增强青年维护国家安全意识，夯实和筑牢国家安全的群众基础，汇聚维护国家安全的强大合力具有重大而深远的意义。国家安全法规定，国家需要加强国家安全的宣传普及、新闻舆论引导、教育培育，通

过多种形式促进全民增强国家安全意识。

4. 了解国防安全知识，提升国防安全意识

国防是国家生存的重要保障。当今世界并不太平，提升强大国防实力，进行国防安全教育必不可少。国防安全教育是对青年群体传授与国防有关的思想、知识、技能的社会活动，可以激发青年捍卫国家主权、领土的完整和安全的意识，为防御外来侵略、颠覆威胁做斗争准备。

和平时期仍存在着种种不安定的因素，局部战争和武装冲突此伏彼起。国防常识是青年应该了解和掌握的最基本的国防知识，诸如国家领土、领海、领空的一般含义，领土争夺、岛屿争端、海域纠纷的不同特征；现代战争知识，如现代战争的特点、战时动员的要求、防卫作战的一般原则等；我国武装力量知识，如人民解放军、民兵和预备役部队的体制和主要职能，军兵种知识等。另外还有国防科学技术普及知识，等等。

5. 了解国家主权知识，提升国家主权意识

国家主权包括管辖权、独立权、自卫权、平等权等。[①] 主权是国家保持独立自主的前提条件。丧失主权，也就意味国家沦为其他国家的殖民地或解体灭亡。了解相关知识，可以在实际行动中更好地提升国家主权意识，维护国家主权。

管辖权。即国家对本国领土内的人、物和事件，依照本国法律，自主地进行处理和处置，并不受其他国家和组织非法干涉的权力。

独立权。即国家完全自主地行使权力（包括经济、国防、外交等），排除任何外来干涉。

自卫权。即国家面对外来侵略和威胁时，维护政治独立和领土完整

---

① 朱文奇. 现代国际法 [M]. 北京：商务印书馆，2013：137.

享有的正当权力。这一权力由《联合国宪章》明确规定。

平等权。即主权国家不论国家实力强弱，也不论社会制度差异，都享有平等的地位，互相尊重主权和领土完整。

二、情感培养路径

集体记忆理论充分肯定了集体记忆的存在和重要价值。新时代青年尚武精神情感培育应注重从中华民族集体记忆和中华文化中深入挖掘。高校要坚持把立德树人作为中心环节，将中华民族集体记忆中诸如长征精神、抗日精神、抗美援朝精神的传承与弘扬作为全员育人、全程育人、全方位育人的重要内容，将红色基因融入所培养人才的精神血脉之中。

1. 挖掘中华民族的集体记忆，加强情感培育

长征精神是中国共产党人革命风范的生动反映，是中华民族尚武精神在长征中的一次勃发。习近平总书记高度凝练地总结了长征精神五个方面的深刻内涵，即"把全国人民和中华民族的根本利益看得高于一切，坚定革命的理想和信念，坚信正义事业必然胜利的精神；为了救国救民，不怕任何艰难险阻，不惜付出一切牺牲的精神；坚持独立自主、实事求是，一切从实际出发的精神；顾全大局、严守纪律、紧密团结的精神；紧紧依靠人民群众，同人民群众生死相依、患难与共、艰苦奋斗的精神"[①]。现在，由于国际、国内环境变化，我们面临着前所未有的机遇和挑战，高校要紧密结合新时代建设的具体实际，传承、弘扬长征精神，使其熔铸于中华民族的精神血脉中，为新时代中国特色社会主义伟大事业提供源源不断的精神动力和信念保障。

---

① 习近平. 在纪念红军长征胜利 80 周年大会上的讲话 ［N］. 人民日报，2016-10-22（02）.

抗战精神是抗日战争时期中华民族尚武精神的传承与升华。习近平总书记在纪念中国人民抗日战争暨世界反法西斯战争胜利 69 周年座谈会上的讲话中指出了抗战精神的深刻内涵——天下兴亡，匹夫有责的爱国情怀；视死如归、宁死不屈的民族气节；不畏强暴、血战到底的英雄气概；百折不挠、坚韧不拔的必胜信念。[1] 爱国主义是一个民族、一个国家赖以生存和发展的基本精神，是伟大抗战精神的核心，是战胜日本侵略者的决定性因素。面对侵略者的铁蹄和残暴杀戮，成千上万优秀的中华儿女无所畏惧、挺身而出，以血肉之躯保卫神圣的家园。在新的历史起点上，伟大的抗战精神仍然具有宝贵的时代价值，是实现中华民族伟大复兴、维护世界和平、促进人类共同发展的精神力量。参军入伍、保家卫国是每个有志青年义不容辞的责任，青年依法服兵役更是一种光荣义务。新时代，青年携笔从戎的举动就是弘扬抗战精神最为直接、鲜明的体现。

抗美援朝战争中，中国人民志愿军在异常残酷的战争中创造了伟大的抗美援朝精神，即"祖国和人民利益高于一切，为了祖国和民族的尊严而奋不顾身的爱国主义精神；英勇顽强，舍生忘死的革命英雄主义精神；不畏艰难困苦，始终保持高昂士气的革命乐观主义精神；为完成祖国和人民赋予的使命，慷慨奉献自己一切的革命忠诚精神；为了人类和平与正义事业而奋斗的国际主义精神"[2]，成为国家和人民的宝贵精神财富。

2. 践行社会主义先进文化，加强情感培育

英雄集中展现了人类或者民族最高贵的精神品格，有着无穷的精神

---

[1] 习近平. 在纪念中国人民抗日战争暨世界反法西斯战争胜利 69 周年座谈会上的讲话 [N]. 人民日报，2014-09-04 (2).

[2] 首都隆重集会纪念志愿军抗美援朝出国作战 50 周年 [N]. 人民日报，2000-10-26 (1).

力量。英雄是历史中的杰出人物，拥有崇高理想和价值追求，有着百折不挠的奋斗精神。"中国正在发生日新月异的变化，我们比历史上任何时期都更加接近实现中华民族伟大复兴的目标。实现我们的目标，需要英雄，需要英雄精神。"① 弘扬英雄精神，首先要讲好英雄故事，要用心用情，通过青年喜闻乐见、容易接受的方式，用符合事理逻辑的方法说理说事，讲述英雄的伟大事迹与光辉品格，促使学生产生代入感，发挥出英雄精神的强磁场作用。其次，要发挥学科专业优势和人才智力优势，倡导和鼓励科学的历史研究，包括人物研究，使现有的中国革命史、中国共产党史、人民英雄创造历史的研究更加扎实丰富，更具说服力，同时要警惕以考证揭秘之名行政治图谋之实的行径。让青年在回首中铭记，在缅怀中传承，勿忘和平正义来之不易，勿忘复兴之路任重道远。最后，树立时代楷模，着力挖掘体现尚武精神的典型人物及事迹，围绕青年时代精神培育的内容，通过对体现时代精神实质的先进人物和优秀事迹的宣传，起到引导人、教育人、鼓舞人、武装人的作用。

改革开放铸就了改革开放精神，极大地丰富了民族精神内涵，具有丰富深刻的内容，包括革故鼎新的超越精神、披荆斩棘的革命精神、敢为人先的创新精神、只争朝夕的追赶精神、敢闯敢试的攻坚精神、脚踏实地的务实精神、直面难题的担当精神等。这七种精神构成一个逻辑严密的整体，是改革开放贡献给世界的中国精神成果。超越精神侧重于跨越自我障碍、现实障碍；革命精神侧重于自我净化、自我完善、自我革新、自我提高；创新精神侧重于破旧立新；追赶精神侧重于不断打破现状，朝着更高更新更远的目标前进；攻坚精神侧重于敢于突破、主动作

---

① 习近平在纪念中国人民抗日战争暨世界反法西斯战争胜利 70 周年系列活动上的讲话［M］. 北京：人民出版社，2015：19.

为、攻坚克难；务实精神侧重于求真求实，不说空话，善于付诸实践。担当精神是以上六种精神的前提，没有担当精神，上述六种精神都无从谈起。

3. 重视仪式和重大节日，加强情感培育

中华民族自古至今，每逢重大的节日或重要的活动，都要举行盛大的庆典或祭奠仪式来纪念。传统节庆仪式及其载体，是抵御西方洋节最有效的方式和载体，是对抗西方商业娱乐文化侵蚀的最有效资源。

传统节日是传承民族精神的重要载体，是对某种价值观的再体认和精神的弘扬。① 重大节日或重要活动的仪式有一定的流程和方式，每一个流程和方式都固化和衍生了节日的内涵和重要意义。高校要充分利用好国庆节、建军节、清明节等传统节日，精心组织彰显爱国主义、保家卫国、崇尚军人等主题鲜明的教育活动，提前对青年群体开展相关背景知识宣讲，适当开展现场教学、仪式化活动，提升重大活动的实效性和学生获得感，使学生在体验和参与中产生情感和心灵触动，使节日和活动成为传承文化价值的重要方式，成为赋予培育和践行尚武精神时代内涵的有效路径和载体。

每个节日都有其来源和价值指向。如我国自 2014 年起，将每年的12 月 13 日确定为南京大屠杀死难者国家公祭日。公祭日是针对日本侵华这一民族灾难而设立的国家纪念活动，是中国人民对在南京大屠杀中的死难者与日本侵华战争中的死难同胞的沉痛悼念，也是中国人民反对侵略战争、维护人类尊严、呼吁世界和平的深沉表达。国家公祭活动，警示青年要弘扬爱国主义精神，增强社会责任感、国家荣辱感和民族使

---

① 范玉刚. 传统节日要在仪式中传承民族精神［EB/OL］［2015-06-20］http：//theory. gmw. cn/2015-06/20/content_ 16037838. htm.

命感，不忘历史，奋发图强，主动肩负起振兴中华民族的重任。再如我国自 1951 年起，将每年的 8 月 13 日确定为"抗日战争胜利纪念日"。抗日战争胜利纪念日的设立，不仅是为了更好地缅怀在抗日战争中英勇献身的英雄烈士及所有为抗日战争做出贡献的群体，铭记中国人民反抗日本帝国主义侵略的艰苦卓绝的斗争，同时也表明了中国人民坚决维护国家主权、领土完整和世界和平的坚定立场，激励全国各族人民为实现中华民族伟大复兴的中国梦而共同奋斗。

4. 用好现代融媒体技术，加强情感培育

现代信息技术的发展，使人类社会跨入了融媒体时代，给公众带来了更强烈的视觉感受和心理冲击。既有征兵宣传，又有 2022 年 27 所军事院校联合推出招生宣传片，向参加高考的学生发出最具时代感的召唤。近年来，热血激荡的军旅生活吸引着众多有志青年投身军营，淬炼最刚毅的青春成为新时代青年人生的重大选择。新时代青年积极响应祖国号召，携笔从戎，以身许国，奋斗报国，勇担重任，用坚毅与奋斗、奉献与责任绘出青春最亮丽的底色。

三、意志培育路径

远大的理想、积极的情感和先进的榜样能激发人的意志；人生的挫折、艰苦的磨难和生活的逆境能磨砺人的意志；生产劳动、体育活动和军政训练能锻炼人的意志；公平、全面和持续的竞争能历练人的意志。

1. 丰富体育文化活动，磨炼客体坚强意志

体育活动是一种通过参加特定体育项目，克服一定的困难和障碍，形成坚定意志品质和健康身体素质的重要途径。体育活动具有对抗性，必须掌握运动技能，以提高成绩为目标，激发学生勇敢追求胜利的热

情。在运动训练中培养意志品质，锻炼出雄健的体魄，最重要的是使青年形成坚韧的性格、勇于担当的精神。高校要在跑、跳、爬、投等传统体育课堂内容的基础上，增加诸如登山、攀岩、拳击（搏击）、滑翔伞、潜水等挑战极限、超越自我、激发意志力的新项目、新课程。条件成熟的学校还可以设置野外生存体验课程。野外生存体验课程符合现代课程改革的发展趋势，丰富了高校体育课程的体系，是新时代高校体育课的拓展与延伸。[①] 它将体育课扩展到大自然，增加了体育课程的趣味性和实效性，旨在培养青年在非生活环境下依靠个人、集体的努力，最大限度地生存生活，是磨炼意志、培养冒险意识和应对挑战精神的重要途径。

2. 加强理想信念教育，激励客体意志培养

强化青年理想信念教育。如本章调研所得数据，新时代青年"对理想信念忠贞不渝"选项的 751 个有效值中，平均得分仅为 3.47（赋值最低和最高分别为 1 分、5 分），标准差是 1.261。鉴于此种情况，在思想政治教育活动中，需要把理想信念教育作为新时代青年尚武精神培育的切入点，增强培育的针对性和有效性。新的教育形势下，实施理想信念灌输教育可以通过多种渠道展开：可以是理论的宣讲，包括报告、演说、讲座等；也可以是文字的宣传，包括理论书籍、通俗读物、图片展览等；亦可以是以尚武精神为主题的集体活动，包括知识竞赛、演讲比赛、音乐美术活动等。还可以充分发挥网络媒体的作用，使青年在接受大众传媒影响的同时，潜移默化地接受理想信念教育。随着现代科学技术的发展，传播手段也日益先进和多样，尚武精神思想的灌输也应当

---

① 马广卫，张俊. 高校开展野外生存生活训练的教学实践研究：以湖北经济学院为例 [J]. 湖北经济学院学报（人文社会科学版），2016：223-224.

及时引进现代传播技术，一切行之有效的宣传鼓动手段都可以，而且应该用来向高校青年灌输尚武精神。

3. 贯彻挫折教育思想，增强客体意志韧性

挫折是人在成长过程中的必要经历。只有经历了挫折，才能学会面对挫折，才会获得战胜困难的能力和决心。"从发展心理学视角看，个体在遇到重大挫折时就会进入心理转折期，在这一时期，个体不仅会产生自卑、焦虑、抑郁、颓废等心理反应，也会获得新经验、新思维和新关系等，变得思想更成熟、性格更稳重、情感更丰富。"① 人的成长过程不是一帆风顺的，面临的主要挫折包括人际关系问题、就业问题、家庭关系问题、情感问题等。有很多学生遇到挫折，意志消沉，找不到合适的应对方法，而采取了错误的方法。进行挫折教育是增强青年心理承受力、抗挫折能力的主要途径。挫折教育可以帮助青年树立乐观的意识，增加解决困难的勇气和决心。

四、行为引导路径

尚武精神的生成和发展是一个从量变到质变的过程，既有关键时刻的瞬间升华，又要靠持之以恒、常抓不懈。发挥好教育载体、媒介的桥梁作用，利用好社会团体的群体效应，方法得当，可以事半功倍。

1. 建好用好教育基地引导行为的作用

教育基地是青年尚武精神培育最生动的素材和有效载体，是最具吸引力、感染力、说服力的重要平台。爱国主义教育基地是根据《爱国主义教育实施纲要》建立的具有丰富的爱国主义教育内涵，并具备开

---

① 闫娜. 自我发展视阈下青少年挫折教育问题探析［J］. 内蒙古师范大学学报（教育科学版），2019，32（1）：73-76.

展爱国主义教育资质条件的重点场所，包括各类博物馆、纪念馆、陈列馆、烈士陵园、文化遗迹、革命遗址、爱国名人故居，以及展示社会主义现代化建设成就的先进单位、重大建设工程等。教育基地是缅怀先烈、弘扬传统、传承精神的重要阵地和载体，坚持以红色精神为底色，承载着艰苦奋斗、艰苦朴素的精神内涵，传递出感染人、影响人、教育人的强大精神力量，要努力让青年体会到革命年代的艰苦，使其真正受到教育，从中汲取继续前进的强大精神动力。新形势下，政府与高校要扩充爱国主义教育基地形式、内容，借助社会资源扩大爱国主义教育影响面，可通过博物馆、展览馆、名人故居进行历史文化教育，也可以通过建立网上纪念馆的方式，围绕弘扬爱国主义精神，设置人物、事件、名人篇章、建国英模、革命烈士等栏目，展示内容丰富的图文资料。①教育基地的建设和利用，具有课堂教育和书本教学无法比拟的优越性，能够从感官、触觉等多方面调动青年的积极性，也符合青年自身的特点。在教育基地的作用下，优秀文化、历史传统和时代精神得到有效传播。

2. 重视发挥社会团体引导行为的作用

重视群体活动，充分发挥社会团体的促进作用。群体是个体的共同体，"是由于某些社会原因而产生的心理状态和心理倾向，并以特定的相互关系和方式组合起来进行活动的人群"②。人的本质在于其社会性，是一切社会关系的总和。群体是由具有共同的需要和目标的人组成的，对个人的行为和心理产生直接影响，个体在群体中容易产生归属感。群体有自身的规范，每个成员都须在遵守规范中实现共同的目标，调整自

---

① 爱国是"五四"的鲜亮底色，新时代青年需要传承弘扬这份家国情怀与担当［EB/OL］.［2019-4-24］. https：//www. shobserver. com/zaker/html/146564. html.

② 赵鸣九. 大学心理学［M］. 北京：人民教育出版社，2003：263.

己的行为。

《中共中央 国务院关于进一步加强和改进大学生思想政治教育的意见》指出,要依托班级、社团等组织形式,开展青年思想政治教育。高校里的武术社团、体育社团等,以锻炼学生强健体魄、塑造坚强意志品质为目的,有助于激发学生的爱国热情,要正确加以利用和引导,加强对青年社团的领导和管理。社团是学生在自愿基础上结成的群体,社团也对青年的行为和心理产生直接影响。根据群体的基本功能,学生社团具有相应的指导学生行为、调节学生心理的作用,成为学生自我教育、自我管理、自我发展的载体。

结　语

一、研究进展

本研究以马克思主义相关理论为指导，立足时代对尚武精神的呼唤，针对传统尚武精神观的不足，综合"品质论""功能论"的观点，取各自之长，深入探究了尚武精神的内涵、特征、价值和新时代价值意蕴，并从国家观、历史观、民族观、文化观、修养观等视角解读了尚武精神的功能。

本研究遵循思想政治教育过程论一般规律原理，运用多学科理论，从知、情、意、行四个维度且每个维度按关涉国家、社会、个人的三个层面构建了尚武精神要素结构矩阵，并阐述要素结构间的内在机理，构建起了尚武精神培育的知识体系，为尚武精神培育目标给出了系统参照。

本研究提出了青年尚武精神培育的原则与路径。结合尚武精神要素结构模型和新时代青年尚武精神及其培育现状，以心理学、社会学、思想政治教育学相关学科理论和中外尚武精神培育实践为指导，提出了"坚持系统建构，提升客体认知""坚持正面教育，升华客体情感""坚持文化引领，锤炼客体意志""坚持实践教育，引导客体行为"等培育原则和"认知建构—情感培养—意志培育—行为引导"的培育路径。

二、研究不足

尚武精神作为一种相对独立的社会意识形态，博大精深，贯穿于中华民族5000多年的历史长河之中，渗透于政治、经济、文化、军事领域的方方面面，交融于中华民族精神之中。在文献梳理方面，本研究存在搜集到的文献数量较少、领域相对单一、材料甄别又相对复杂的现实情况；在模型建构方面，将大量反映尚武精神品质的元素按照3×4要素结构矩阵依次归类时，可能存在重复归类或归类不确切的情况；在调查研究方面，对研究工具的理解还不够深刻，可能存在问题设计词不达意的情况。这些不足都将在后续研究中进一步改进和拓展。

三、研究展望

习近平总书记在纪念五四运动100周年讲话中指出，新时代中国青年要担当时代责任。在实现中华民族伟大复兴的新征程中，应对重大挑战、抵御重大风险、克服重大阻力、解决重大矛盾，迫切需要迎难而上、挺身而出的担当精神。尚武精神作为一种特殊的社会意识，具有时代性特征，其内涵、价值、功能和时代意蕴也应与时俱进，不断丰富发展。新时代青年尚武精神培育是一项育人的实践活动，正逢其时，学界与高校应给予更高的站位思考。

第一，把尚武精神培育置于新时代的历史背景下思考。党的十九大报告指出："这个新时代，是承前启后、继往开来，在新的历史条件下继续夺取中国特色社会主义伟大胜利的时代……是全体中华儿女勠力同心、奋力实现中华民族伟大复兴中国梦的时代，是我国日益走近世界舞台中央，不断为人类做出更大贡献的时代。"新时代意味着新问题、新矛盾、新情况、新任务的出现。国内外形势正在发生深刻复杂的变化，前景光明，挑战严峻。习近平总书记期待"广大青年要坚定理想信念，志存高远，脚踏实地，勇做时代的弄潮儿，在实现中国梦的生动实践中放飞青春梦想，在为人民利益的不懈奋斗中书写人生华章"。① 新时代赋予了青年解决新问题、新矛盾、新情况、新使命，奋勇投身新时代、接力建功中国梦的历史重任。2019 年 3 月 18 日，习近平总书记在主持召开学校思想政治理论课教师座谈会时指出，"青少年阶段是人生的'拔节孕穗期'，最需要精心引导和栽培"。② 青年尚武精神培育应运而生，是新时代完成民族使命的迫切呼唤，学界与教育界对此应达成共识，并在高校思想政治教育的过程中予以重点考量。

第二，把尚武精神培育置于中国自主话语体系内思考。源于借助西方话语体系对"尚武"概念的释读，国内外舆论当下对中华民族尚武精神的误读还比较严重，分歧还比较大。无论是学生群体还是社会群体，无论是期刊还是社会新媒体，大都把"武"直接等同于武术、战争甚至军国主义。这就在一定程度上限制了学界和社会对尚武精神的深入探讨与交流。实质上，中华民族尚武精神是一个在社会实践，特别是中国特色社会主义精神文明建设实践中产生并随着人类进步和社会发展而不断演变的范畴，具有与时俱进的特征和自觉，其内涵的时代意蕴须结合中华民族的历史文化、时代任务和现实博弈等维度进行深入阐释。从最初的"崇尚武力"到一般意义上的"精神动力"，再到新时代意

---

① 中共中央文献研究室. 习近平谈治国理政 [M]. 北京：外文出版社，2020：55.

② 吴晶，胡浩. 用新时代中国特色社会主义思想铸魂育人贯彻党的教育方针落实立德树人根本任务 [N]. 光明日报，2019-03-19（1）.

蕴，体现出尚武精神内生性和创造性地转化、升华和发展的活力。也正因于此，尚武精神理应成为中国哲学与社会科学持续且深入研究的时代命题。

第三，把尚武精神培育置于高校"三全育人"的过程中思考。习近平总书记在2016年全国高校思想政治工作会议上指出，要坚持把立德树人作为中心环节，把思想政治工作贯穿教育教学全过程，实现全程育人、全方位育人，努力开创我国高等教育事业发展新局面。尚武精神培育主体多元化，呈现出学校、家庭、社会、社区、社团组织、新媒体以及学生个体（群体）"七位一体"的育人机制，体现出范围更广的全员性。尚武精神培育不能仅局限在高等教育阶段，幼儿教育、基础教育、中等教育以及继续教育、终身教育等各教育阶段应形成对接、贯通照应，显现出跨度更大的全程性。青年尚武精神培育需要高校营造具有教育功能的校内协同育人环境，增强青年国防观念和尚武精神，如在校园规划设计具有国防教育内容的广场、雕塑；鼓励学生创作符合青年特点的广播、影视节目、文学作品，把爱国主义精神和民族忧患意识孕育其中；把国防文化融入节庆文化、校园文化，激发青年的爱军尚武热情，强化国防观念，提高青年履行兵役义务的自觉性。青年尚武精神培育同时也需要推进校内、校外协同育人，加强校地合作、校军合作，建立一批校外青年社会实践基地、爱国主义教育基地、国防教育实践基地，形成社会、基地与学校协同育人体系。

参考文献

一、经典著作

［1］中共中央马克思恩格斯列宁斯大林著作编译局. 马克思恩格斯文集：第1~10卷［M］. 北京：人民出版社，2009.

［2］中共中央马克思恩格斯列宁斯大林著作编译局. 列宁专题文集：第1~5卷［M］. 北京：人民出版社，2009.

［3］中共中央马克思恩格斯列宁斯大林著作编译局. 列宁选集：第3卷［M］. 北京：人民出版社，2012.

［4］中共中央文献编辑委员会. 毛泽东著作选读［M］. 北京：人民出版社，1986.

［5］中共中央文献编辑委员会. 毛泽东选集：第4卷［M］. 北京：人民出版社，1991.

［6］中共中央文献编辑委员会. 毛泽东文集：第6卷［M］. 北京：人民出版社，1999.

［7］中共中央文献编辑委员会. 邓小平文选：第2~3卷［M］. 北京：人民出版社，1993.

［8］中共中央文献编辑委员会. 江泽民文选：第4卷［M］. 北京：

人民出版社，2006.

[9] 中共中央文献编辑委员会. 胡锦涛文选：第 3 卷 [M]. 北京：人民出版社，2016.

[10] 中共中央宣传部. 毛泽东邓小平江泽民论思想政治工作 [M]. 北京：学习出版社，2000.

[11] 中共中央宣传部. 毛泽东邓小平江泽民论弘扬和培育民族精神 [M]. 北京：学习出版社，2003.

[12] 中共中央文献研究室. 毛泽东邓小平江泽民论世界观人生观价值观 [M]. 北京：人民出版社，1997.

[13] 习近平. 习近平谈治国理政 [M]. 北京：外文出版社，2014.

[14] 习近平. 习近平谈治国理政：第 2 卷 [M]. 北京：外文出版社，2017.

[15] 习近平. 摆脱贫困 [M]. 福州：福建人民出版社，1992.

[16] 习近平. 干在实处，走在前列 [M]. 北京：中共中央党校出版社，2006.

[17] 习近平谈治国理政（第 3 卷）[M]. 北京：外文出版社，2020.

二、文献

[1] 中共中央宣传部. 习近平总书记系列重要讲话读本 [M]. 北京：学习出版社，2016.

[2] 中共中央文献研究室. 建国以来重要文献选编 [M]. 北京：中央文献出版社，2011.

[3] 中共中央文献研究室. 十八大以来重要文献选编 [M]. 北京：中央文献出版社，2014.

[4] 何毅亭. 学习习近平总书记重要讲话 [M]. 北京：人民出版

社，2013.

[5] 中共中央宣传部. 习近平新时代中国特色社会主义思想三十讲 [M]. 北京：学习出版社，2018.

[6]《党的十九大报告辅导读本》编写组. 党的十九大报告辅导读本 [M]. 北京：人民出版社，2017.

三、专著

[1] 李文成. 追寻精神的家园 [M]. 北京：北京师范大学出版社，2007.

[2] 雷海宗. 中国文化与中国的兵 [M]. 北京：商务印书馆，2007.

[3] 张耀灿，郑永廷，吴潜涛，等. 现代思想政治教育学 [M]. 北京：人民出版社，2006.

[4] 骆郁廷. 精神动力论 [M]. 武汉：武汉大学出版社，2013.

[5] 魏晓文，葛丽君. 中外思想道德教育比较研究 [M]. 长春：吉林人民出版社，2003.

[6] 石云霞. 新中国成立以来中国共产党理论教育历史研究（上、下册）[M]. 北京：中国社会科学出版社，2007.

[7] 蒋宝德，李鑫生. 中国地域文化 [M]. 济南：山东美术出版社，1997.

[8] 王福军. 中国梦与中国道路：中国特色社会主义为什么灵？[M]. 北京：中国文史出版社，2013.

[9] 李宗桂，等. 中华民族精神概论 [M]. 广州：广东人民出版社，2007.

[10] 杜超. 中国未来战争 [M]. 沈阳：白山出版社，2012.

［11］刘明福. 中国梦：中国的目标道路及自信力［M］. 北京：中国友谊出版公司，2012.

［12］金一南. 心胜［M］. 武汉：长江文艺出版社，2013.

［13］金一南. 心胜2［M］. 武汉：长江文艺出版社，2016.

［14］金一南. 心胜3［M］. 武汉：长江文艺出版社，2017.

［15］田秉锷. 大国无兵：中国尚武精神的百年失落［M］. 长春：吉林出版集团有限责任公司，2008.

［16］毛宪民. 清宫武备兵器研究［M］. 北京：文物出版社，2013.

［17］黄少成. 政治教育范畴研究［M］. 北京：知识产权出版社，2015.

［18］顾海良. 高校思想政治教育导论［M］. 武汉：武汉大学出版社，2006.

［19］罗国杰. 中国传统道德［M］. 北京：中国人民大学出版社，2012.

［20］孙其昂. 思想政治教育学前沿研究［M］. 北京：人民出版社，2013.

［21］喻包庆. 马克思主义理论教育的政治学分析［M］. 上海：上海人民出版社，2011.

［22］陈华洲. 思想政治教育资源论［M］. 北京：中国社会科学出版社，2007.

［23］吴潜涛. 高校思想政治教育的理论与实践［M］. 北京：人民出版社，2012.

［24］郑永廷. 思想政治教育方法论［M］. 北京：高等教育出版社，1999.

［25］沈壮海. 思想政治教育有效性研究［M］. 武汉：武汉大学出版社，2001.

[26] 梁自洁. 中国精神 [M]. 济南：济南出版社，1990.

[27] 张友谊，商志晓. 中华民族精神导论 [M]. 济南：山东人民出版社，2006.

[28] 类礼生，张洪慧，李江宁. 改革中的民族精神 [M]. 北京：中国矿业大学出版社，1990.

[29] 李康平. 中华民族精神 [M]. 南昌：江西教育出版社，1994.

[30] 俞祖华，赵慧峰. 中华民族精神新论 [M]. 济南：山东大学出版社，2005.

[31] 郜世奇. 抗战时期中华民族精神研究 [M]. 长春：吉林人民出版社，2006.

[32] 浦卫忠，李素菊，张金涛. 爱国主义与民族精神 [M]. 北京：社会科学文献出版社，2000.

[33] 郑师渠. 中华民族精神研究 [M]. 北京：北京师范大学出版社，2009.

[34]（美）亚瑟·亨·史密斯. 中国人的性格 [M]. 北京：学苑出版社，1998.

[35] 斯图尔特·施拉姆. 毛泽东的思想 [M]. 北京：中央文献出版社，1990.

[36] C. E. 布莱克. 现代化的动力 [M]. 段小光，译. 成都：四川人民出版社，1988.

[37] 托斯丹·邦德·凡勃伦. 有闲阶级论 [M]. 北京：商务印书馆，1964.

[38] 卢梭. 社会契约论 [M]. 何兆武，译. 北京：商务印书馆，1980.

[39] 约米尼. 战争艺术 [M]. 桂林：广西师范大学出版社，2003.

[40] 爱弥尔·涂尔干. 职业伦理与公民道德 [M]. 渠东，付德

根，译. 上海：上海人民出版社，2006.

[41] 卡尔·科恩. 论民主 [M]. 聂崇信，朱秀贤，译. 北京：商务印书馆，1988.

[42] 托克维尔. 论美国的民主（上、下）[M]. 董果良，译. 北京：商务印书馆，1988.

[43] 杰佛逊. 杰佛逊文选 [M]. 朱曾汉，译. 北京：商务印书馆，1965.

[44] 爱德华·希尔斯. 论传统 [M]. 傅铿，吕乐，译. 上海：上海人民出版社，1991.

[45] 新渡户稻造. 武士道 [M]. 朱可人，译. 杭州：浙江文艺出版社，2016.

[46] 福沢谕吉. 文明论之概略 [M]. 松沢弘阳校注. 东京：岩波书店，1995.

[47] 田雨普，赵利. 体育课程与教学研究（1979—2009）[M]. 南京：南京师范大学出版社，2012.

[48] 刘连景. 你知道或不知道的德国史 [M]. 北京：同心出版社，2013.

[49] 项家庆. 幼儿游戏设计与教师成长 [M]. 北京：北京时代华文书局，2016.

四、论文

[1] 阮一帆，傅安洲. 战后德国政治教育资源建设的历史经验及启示 [J]. 思想教育研究，2016（9）：124-127.

[2] 刘朝阳，傅安洲. 论中国精神的生成逻辑及其价值彰显 [J]. 中华文化论坛，2016（7）：155-159.

［3］黄少成，傅安洲.思想政治教育学范畴研究缘起、发展轨迹及其启示［J］.贵州社会科学，2015（5）：22-26.

［4］梁安祥.重塑尚武精神：武术文化的时代生长点［J］.中州体育，2013（9）：1-3+6.

［5］徐辉.尚武精神与中国先进军事文化［J］.军事历史研究，2012（26）：150-152+160.

［6］蔡宝忠，李成银.尚武精神：近代习武群体的凝聚力与社会思潮的影响力［J］.武术研究，2017（2）：1-4.

［7］刘美喜.浅谈新形势下强化大学生国防教育的现实意义［J］.当代经济，2006（3）：30-31.

［8］张桢.新媒体环境下大学生思想政治教育载体探析［J］.高教探索，2016（2）：118-123.

［9］蔡礼彬.春秋战国时期的"尚武"习俗［J］.华夏文化，2002（4）：13-14

［10］李爱红.关于民族尚武精神弱化的历史根源及对策思考［J］.体育研究与教育，2015（2）：86-89.

［11］张斌，骆郁廷.大学生日常思想政治教育长效机制的构建［J］.思想教育研究，2010（2）：22-27.

［12］孙玉科，朱东.论武术教育对学生精神面貌的改善作用［J］.体育研究与教育，2015，30（4）：82-85.

［13］吴鲁梁.尚武精神的时代价值研究［J］.武术研究，2016（3）：41-43.

［14］刘恩刚，陈玉霞.武术精神在当代对人、社会、民族的价值［J］.中华武术（研究），2015，4（Z1）：150-152+85.

［15］袁仕远.高等学校军事理论课程对大学生国防意识培养的思考［J］.亚太教育，2016（19）：241-242.

［16］李元. 尚武精神与华夏文化的起源［J］. 学习与探索，1993（4）：128-133.

［17］管文虎. 邓小平精神动力论探析［J］. 毛泽东思想研究，2000（5）：58-61.

［18］吴温暖. 加强高校国防教育的重要意义［J］. 高校理论战线，2002（9）：38.

［19］喻学忠. 东周社会尚武精神探源［J］. 重庆三峡学院学报，2010（1）：124-127+135.

［20］胡纯. 体育锻炼对非体育专业大学生意志品质的影响［J］，四川体育科学，2013（2）：44-47.

［21］翟亚军. 大学要开展"十情"教育［J］. 中国高等教育，2014（1）：47-49.

［22］王志. 从"轻武"与"尚武"看中日两国传统文化的差异［J］. 南昌航空大学学报，2008（1）：82-85.

［23］王会儒，王明伟. 从日本武士道精神层面看中国传统武德文化的继承与弘扬［J］. 中华武术（研究），2012（2）：28-31.

［24］杨绍先. 武士道与军国主义［J］. 世界历史，1999（4）：56-64.

［25］刘燕花. 美国文化中的尚武精神［J］. 理论界，2008（1）：226-227.

［26］郭学松. 秋瑾尚武思想研究［J］. 体育学刊，2013（4）：60-63.

［27］陈鑫. 高校如何在国防教育中加强对大学生尚武精神培养［J］. 课程教育研究，2018（1）：36.

［28］孙其昂，倪秋思. 当代青年精神生活异化的现代性分析［J］，中国青年研究，2012（7）：10-14.

[29] 吴迪. 古今尚武精神对比及重拾尚武精神 [J]. 武术研究, 2018 (2): 30-32.

[30] 罗学艳. 论毛泽东早年对清末尚武思潮的认同与超越 [J]. 兰台世界, 2014 (28): 8-9.

[31] 宋开祥. 人的精神动力多元性探析 [J]. 南京政治学院学报, 2010 (3): 38-42.

[32] 陈亮建, 郭学松. 毛泽东尚武思想研究 [J]. 军事体育学报, 2015 (4): 86-90.

[33] 肖谋文, 朱建宇. 论毛泽东群众体育思想 [J]. 北京体育大学学报, 2008 (3): 295-296+299.

[34] 蒋道平. 论青年大学生民族精神的现状及培育 [J]. 中央社会主义学院学报, 2007 (6): 93-95.

[35] 马佩, 杨刚, 姜传银. 衰微与重塑: 论古今之尚武精神 [J]. 体育文化导刊, 2018 (3): 134-138.

[36] 袁安发, 郭梦瑶. 尚武精神与社会主义核心价值体系的共融性研究 [J]. 中华武术 (研究), 2017 (10): 70-72.

[37] 杨平. 习近平思想政治教育观对新时代高校思想政治教育理论研究的新贡献 [J/OL]. 江汉大学学报 (社会科学版), 2019 (1): 101-112+127.

[38] 林凯. 论新时代高校思想政治教育生态环境的特征及价值 [J]. 学校党建与思想教育, 2019 (2): 29-31.

[39] 蔺玄晋. 普通高校军事理论课程体系建设研究 [J]. 内蒙古师范大学学报 (教育科学版), 2016 (7): 75-78+158.

[40] 黄漫娥. 现代化进程中精神动力问题研究 [J]. 思想政治工作研究, 2011 (6): 36-38.

[41] 郝登峰, 刘梅. 精神动力及激发 [J]. 学校党建与思想政治

教育，2003（3）：27-29.

[42] 罗华丽. 享乐主义对大学生的消极影响及应对策略 [J]，理论导刊，2015（9）：87-89+98.

[43] 郭显华. 浅谈享乐主义人生观在大学生中的影响 [J]，思想政治研究，1993（3）：64-65+58.

[44] 张强强，胡平清. "尚武精神"概念的内涵探析 [J]. 体育文化导刊，2017（6）：177-180.

[45] 李静雅，刘红宁，陈永成. 大学生意志力培养途径探讨：以江西中医药大学"双惟"实践班为例 [J]，江西中医药大学学报，2015（1）：98-101.

[46] 尚力沛. 再论梁启超"尚武精神" [J]. 体育研究与教育，2016（5）：50-53.

[47] 张宁娟. "六个下功夫"：新时代人才培养的行动指南 [J]. 教育研究，2018（9）：17-20.

[48] 赵开开，聂家华. 习近平新时代爱国主义思想研究 [J]. 华侨大学学报（哲学社会科学版），2018（6）：5-14.

[49] 张景全，王卓. 论骑士制度产生的原因 [J]. 北京大学学报（社会科学版），2000（4）：47-50.

[50] 宋来新. 培养社会主义建设者和接班人的理路选择 [J]. 思想理论教育导刊，2018（11）：31-34.

[51] 方鸿志，潘思雨. 论习近平的英雄情怀及其重要启示 [J]. 重庆科技学院学报（社会科学版），2018（6）：1-3+16.

[52] 王学俭，阿剑波. 习近平新时代青年教育思想及其价值旨归 [J]. 思想教育研究，2018（8）：3-9.

[53] 宇文利. 全身心立德 下功夫树人：学习习近平总书记关于立德树人"六个下功夫"的论述 [J]. 思想理论教育导刊，2018（11）：

26-30.

[54] 徐朋. 反思甲午战争培育尚武精神 [J]. 西安政治学院学报, 2014 (4): 122-123.

[55] 刘文炳. 浅谈高校开展国防教育的意义和作用 [J], 福建农林大学学报 (哲学社会科学版), 2006 (2): 77-79.

[56] 生忠军. 总体国家安全观: 形成背景、基本原则和重要任务 [J]. 中共福建省委党校学报, 2019 (1): 17-23.

[57] 刘海燕. 新时代高校传播中华优秀传统文化略论 [J]. 学校党建与思想教育, 2019 (2): 89-90+93.

[58] 冯刚, 严帅. 改革开放40年高校思想政治教育管理的发展历程 [J]. 北京师范大学学报 (社会科学版), 2019 (1): 10-22.

[59] 林燕华. 中国军事发展与尚武精神 [J]. 今日中国论坛, 2013 (19): 441+443.

[60] 史衍朋. 论中国化马克思主义文化理论的时代创新规律 [J]. 东岳论丛, 2016, (6): 11-17.

[61] 高奇, 周向军. 马克思主义指导与培育和践行社会主义核心价值观 [J]. 社会主义核心价值观研究, 2018 (4): 5-11.

[62] 王海源, 张德新. 对德国大学格斗体育的探究 [J]. 体育研究与教育, 2004 (4): 54-56.

[63] 黄少成. 政治教育学范畴研究 [D]. 武汉: 中国地质大学, 2013.

[64] 杜品. 梁启超武士道思想研究 [D]. 哈尔滨: 黑龙江大学, 2018.

[65] 杨洋. 中华武术伦理精神和中华魂的塑造 [D]. 北京: 中共中央党校, 2016.

[66] 李岩. 近代以来中国武术价值观的变迁研究 [D]. 苏州: 苏

州大学，2016.

[67] 李斌瑛. 近代中国知识分子对武士道的认识 [D]. 北京：北京外国语大学，2015.

[68] 王晓慧. 体育精神：内涵、演变与当代意义 [D]. 上海：华东师范大学，2017.

[69] 郑玉峰. "尚武精神" 在学校武术教育中的当代价值及其传承研究 [D]. 西安：西安体育学院，2016.

[70] 赵景磊. 尚武精神思想研究 [D]. 北京：北京体育大学，2015.

[71] 罗学艳. 论二十世纪初新型知识分子的尚武思想与实践 [D]. 开封：河南大学，2005.

[72] 余海岗. 清季尚武思潮研究 [D]. 桂林：广西师范大学，2005.

[73] 解天胜. 汉代尚武精神研究 [D]. 昆明：云南大学，2010.

[74] 徐敏. 在校大学生应征入伍现状分析及对策研究 [D]. 长沙：中南大学，2008.

[75] 马欣欣. 改革开放以来中国共产党民族精神教育的实践探索与基本经验研究 [D]. 济南：山东大学，2016.

[76] 周波. 中国军人战斗精神培育研究 [D]. 长春：东北师范大学，2015.

[77] 滕慧君. 当代大学生中华民族精神培育研究 [D]. 大连：大连海事大学，2017.

[78] 黄莉. 中华体育精神研究 [D]. 北京：北京体育大学，2006.

[79] 侯莲梅. 新时代大学生中国精神培育研究 [D]. 成都：电子科技大学，2018.

[80] 闫虹竹. 习近平青年教育思想研究 [D]. 哈尔滨：东北林业

大学, 2018.

[81] 章倩. 习近平青年成才教育思想研究 [D]. 贵阳: 贵州师范大学, 2018.

[82] 王建勇. 新时代马克思主义青年观研究 [D]. 石家庄: 河北科技大学, 2018.

五、报纸

[1] 傅安洲, 阮一帆. 加强思想政治教育资源体系建设 [N]. 人民日报, 2005-08-29 (6)

[2] 阮一帆. 思想政治教育与政治认同 [N]. 光明日报, 2015-01-24 (7).

[3] 李莹莹. 《诗经》时代与尚武精神 [N]. 中国社会科学报, 2018-10-16 (2).

[4] 李碧瑶. 契丹人"尚武"精神研究 [N]. 中国社会科学报, 2018-07-05 (7).

[5] 欧阳雪梅. 激发中华优秀传统文化时代活力 [N]. 中国社会科学报, 2019-01-25 (5).

[6] 吴璇. 正确理解习近平关于总体国家安全观论述的科学内涵 [N]. 中国社会科学报, 2018-12-19 (12).

[7] 张汝金. 从"四个讲清楚"看文化自信 [N]. 光明日报, 2018-11-27 (6).

[8] 周燕虎, 陆道融. 崇拜英雄, 永恒的精神传承 [N]. 中国国防报, 2018-08-17 (2).

[9] 吴晶, 胡浩. 用新时代中国特色社会主义思想铸魂育人贯彻党的教育方针落实立德树人根本任务 [N]. 光明日报, 2019-03-19. (1).

［10］习近平在文艺工作座谈会上的讲话［N］.人民日报，2015-10-15（1，4）.

六、外文文献

［1］KEEN M H. *Chivalry*［M］. New Haven and London：Yale University Press，1984：99.

［2］SWEENEY J R. *"Chivalry". The Oxford Dictionary of the Middle Ages*［M］. New York：Scribner's，1987：991.

［3］HUIZINGA J. *The Waning of the Middle Ages*［M］. Mineola：Dover Publications，1999：125.

［4］PANGLE T. *Montesquieu's Philosophy of Liberalism*［M］. Chicago：University of Chicago Press，1973：160-165.

［5］KROLL W，CRENSHAW W. *Multivariate personality profile analysis of four athletic groups.* In G. S. Kenyon（Ed.），*Contemporary psychology of sport*［M］. Chicago：Chicago Athletic Institute，1970：97-106.

［6］Ruth B. *The Chrysanthemum and the Sword：Patterns of Japanese Culture*［M］. Boston：Mariner Books，2006：211.

［7］RICHMAN C L，REHBERG H. The development of self-esteem through martial arts. *International Journal of Sports Psychology*［J］. 1986（17）：234-239.

［8］FINKENBERG M E. Effect of participation in taekwondo on college women's self-concept. *Perceptual and Motor Skills*［J］. 1990（71）：891-894.

［9］WEISER M，KUTZ I，Kutz S J. Psychotherapeutic aspects of the martial arts. *American Journal of Psychotherapy*［J］. 1995：（49）：118-128.

后　记

　　青年强，则国强。青年的精神品格和精神状态是影响中华民族伟大复兴进程的重要变量。党的二十大赋能广大青年立志成为"有理想、敢担当、能吃苦、肯奋斗"的时代新人。强国建设、民族复兴的新使命为中华民族尚武精神的创造性转化和创新性发展提供了难得而恰切的时代际遇，使得时代新人精神品质的形塑找寻到了富有生命力的文化根因。

　　该书以本人博士论文为主体，删除了调查问卷及数据分析相应章节，在保留既有研究框架和核心内容的基础上又做了一定程度的整合。此书成稿已近四年，付梓之念几经起伏，尽管持续不断对文本内容进行更新丰富，但总有素材不饱满、研究不深刻之感，故而迟迟未能呈送书社。"中华民族尚武精神"命题宏大，概念内涵外延丰富，因个人知识浅薄，驾驭能力有限，书中观点难免有偏颇之处，请专家同行及社会读者斧正。

　　本书的完成，离不开博士求学期间傅安洲先生及各位师生友人的指导帮助，离不开家人在我写作期间给予生活上的备至关怀，离不开哈尔滨工业大学和威海校区马克思主义学院给予的经费支持，离不开开门弟子李水兰、张进两位硕士研究生的细致校稿，离不开出版社及编辑老师的不吝指正，在此一并感谢。

2023 年九月于威海